让爱情成为你想要的样子

赵格羽 —— 著

ZHAOGEYU Works

浙江工商大學出版社
ZHEJIANG GONGSHANG UNIVERSITY PRESS

图书在版编目(CIP)数据

让爱情成为你想要的样子 / 赵格羽著.—杭州：
浙江工商大学出版社,2017.4

ISBN 978-7-5178-2071-0

Ⅰ.①让… Ⅱ.①赵… Ⅲ.①女性—爱情—通俗读物
Ⅳ.①C913.1-49

中国版本图书馆CIP数据核字(2017)第037463号

让爱情成为你想要的样子

赵格羽 著

责任编辑	谭娟娟 汪 浩
封面设计	仙 境
责任印刷	包建辉
出版发行	浙江工商大学出版社
	(杭州市教工路198号 邮政编码310012)
	(E-mail:zjgsupress@163.com)
	(网址:http://www.zjgsupress.com)
电 话	0571-88904980,88831806(传真)
排 版	施积政
印 刷	北京晨旭印刷厂印刷
开 本	880mm×1230mm 1/32
印 张	6.75
字 数	119千
版印次	2017年4月第1版 2017年4月第1次印刷
书 号	ISBN 978-7-5178-2071-0
定 价	36.00元

让爱情成为你想要的样子

黑格尔说，理性是纯粹思维的最高级。它力求了解事物的本质，提示事物的共同基础。似乎所有的事情都可以理性对待，用逻辑去推理，用科学去论证。唯独爱情例外。

爱情中，不理智和非理性成分太过突出，所以，爱情，变成唯一一个人类无法用科学去论证和解释的命题。正因为无法预测、无法论证、无法掌握，所以，爱情才变成生命中最奇妙的东西。

张爱玲说，你问我爱你值不值得，其实你应该知道，爱就是不问值不值得。所谓值得与否，就是逻辑推论，理智判断。而不问值不值得，就是爱情的非理性，充满了爱情中的激情和冲动。

当然，很多的不问值得不值得，很多的失去理智，我们用"缘分"去解释，甚至用"因果"去解释，或者用"前世今生"去解释。

所以，任何的爱情圣经，其实都是伪命题。

如果有一本书、一个情感专家或者一个婚恋机构跟你打包票说：让你爱的人爱上你。我会告诉你，千万别当真，听听就好。因为爱情是双方产生的化学反应，而这种化学反应连当事人都不可控，更何况是旁观者呢。

不知道何时，"情感专家"这个名词火了起来。也不知道从何时起，人人皆情感专家。而我，也不小心成为"情感专家"中的一员，可谓"被情感专家"。

我从来不认为"情感专家"是一个多么好的称谓。就像别人说"你是美女作家"，有人会戏谑"你才是美女作家呢，你们全家都是美女作家"。

对于"情感专家"这个称谓，我的感情是复杂的。第一，我战战兢兢，我何德何能，怎么敢当爱情专家？第二，"专家"这个词已经被糟蹋得不成样子，所以，我真的不稀罕这个"专家"。第三，这是一顶高帽子，这帽子不好摘，别人总会带着异样的眼光，认为你是情感专家，就一定要谈很多恋爱有很多男人。于是乎，这个"情感专家"的头衔就会吓跑无数不错的男人，让你倍感无奈。情感专家同样也会面临在情感上的困惑。她们在爱情中，同样会面对异样的眼光。对方会想：如果我的心思都被她猜透了，那太可怕了。

当然，"情感专家"这个称呼，让我获得了上千万的流量，让我获得了前所未有的人气，让我的书畅销，让我有幸在各大电台和电视节目里发出自己的声音……

事实上，在爱情中，没有真正的专家。

所以，我更喜欢别人称我为"提升女性幸福和快乐指数的研究者"。

爱情无法预测，无法控制，令人疯狂和失去理智，那么就只能守株待兔、坐以待毙，眼睁睁看着年华流逝人老珠黄吗？

不是的。

还不至于那么悲观。

爱情是一个综合变量的集合体。其实也无外乎内因和外因。外因是不可控制的，而内因是我们可以掌控可以改变的。

所以，在某种意义上，可以让爱情成为你想要的样子。比如，你要过什么样的生活，想要找什么样的男人谈恋爱，想要和什么样的男人结婚……

这些，其实是源于你自己本身——你的本来样子和你内心的目标与追求。

从这个角度来说，爱情又是存在可控制性和算计性的。

图书策划人珞珈人说：爱情需要"算计"吗？其实这里

所说的"算计"，并不是贬义词，它和经营、维护差不多，是一些策略和方法的总结，是为了让自己和对方都更加幸福。只有通过算计，才能做到心中有数，才能减少盲目性和不确定性，才能在更大程度上把握自己的幸福。那既然这样，为什么不"算计"呢？女孩子是世界上最美丽的生命，但这个美丽的保质期是非常短暂的，她们有权利要求自己的生活更好一些，有权利希望自己失去青春之后，并不会失去幸福。

生为女人，最宝贵的不是容颜和青春，也不是男人的爱和承诺，而是对自己的经营。女孩子在爱情中进行"算计"，不需要有心理负担，不要觉得对不起对方。不要为爱情失去自我，这是对自己负责，也是对另一半负责。

说"算计"可能显得功利，如果我们用"经营"这个词，那就显得很正常了。

大家都经常说，婚姻需要经营。是啊，经营意识，从来都要有。

经营不只是经营企业，更是经营你的个人品牌，经营你的恋爱，经营你的婚姻，以及经营你的人生。

真正成功的人生从来就不是随意的，一定是做了长远的规划和可行性方案的，一定是在关键时刻做了快、准、狠的理智分析和判断的。

爱情，也同样如此。

在爱情中，一个低情商零经验的美女和一个高情商爱情经验丰富的普通女孩，谁更能留住男人？

也许一开始美女能吸引男人，但是如果低情商不懂得经营爱情关系，最后只会让爱情破裂。

而一个普通女孩，也许不是第一眼美女，但是男人和她在一起相处很舒服很开心，那么最后她一定是爱情大赢家。

爱情是荷尔蒙的爆发，可维持爱情则体现了经验和技巧。后者就是我们可以去努力的，能够体现女人与女人之间的段位区别。

其实，这本《让爱情成为你想要的样子》是《给爱情加点盐》的升级版。《给爱情加点盐》是我的第二本书，这本书对我意义重大，因为这本书让我敲开了"情感专家"的大门，收获了超高的人气。因为《给爱情加点盐》出版的时间太久，所以几乎买不到了。可是，书里的爱情话题却是大家一直关心的，不曾过时。

一次活动上，见到了时代光华的总经理王光海先生。于是，缘分再续，便有了这本《让爱情成为你想要的样子》，相比上一版，新书加了部分最新的内容，同时做了旧内容更新，当然，最重要的是，设计更加精美，读起来更加轻松舒适。

当然，《让爱情成为你想要的样子》你可以参考，但不是你的人生准则。

你得活出你自己的姿态，活出你自己的精彩。

爱上爱情，嫁给爱情，让爱情成为你想要的样子。

赵格羽

2016 年 10 月 17 日 于那间咖啡

目 录
Contents

Part A／爱自己，做自己的女王

Part D / 经营婚姻，以快乐之名，寻幸福之实

Part E / **永远相信爱情，永远心存希望**

Part A

爱自己，做自己的女王

爱情和目标只能选其一

从前，有个小女孩在落日余晖里，抬起头问妈妈："妈妈，我长大后要找一个很爱我的男人，还要做一番大事。"妈妈笑着抚摸孩子的头说："宝贝，不可能的，你不能两样都要，你只能选择其中一样。"小女孩抬起头不明白地问："为什么？"妈妈笑着说："你长大后就会明白了。总之，爱和目标，你只能选择和追求一样，绝不能二者兼得，否则你两个都得不到。"小女孩似懂非懂地点了点头。

爱和目标，你只能选择一样！这个目标，可以是自己的事业，也可以是某种带着特权的男人，或者说这个男人能让你实现目标。当我把这段话转述给一个朋友时，她非常认同这句话，同时也给我讲了一个故事："我很早就认识央视的主持人阿忆了，当时他还没在央视做主持人，还是一个普通的上班族。阿忆酷爱写作，从而拥有了很多粉丝。其中有一个女孩子非常喜欢他的文章，不仅收藏了他的每篇文章，还经常给他写信。后来，她成了阿忆的女朋友。可是，渐渐地，阿忆名气大了起来，并被告知要去电视台。这个女孩知道他即将成为知名人士，很郑重地跟阿忆提出分手。阿忆很吃惊，问为什么。女孩说：'我的梦想就是要嫁给一个爱我的普通人，过着普通且快乐的日子，你即将成为名人，已经不符合我的梦想了。'"听到这个故事后，我很佩服这个女孩的决定，能够如此坚定自己所要的爱，并为之放弃常人眼中的光环，实在不容易。

朋友说："这世界上有两种女人，一种是没野心的，什么都不求也没有目标，可能会碰到一个条件绝佳又爱自己的人，也可能一生平庸度过；还有一种女人，知道自己要什么，然后尽全力争取，或者是爱，或者是目标，她必须放弃其中一个，只能争取一个，才有可能争取到。在争取的动机下，两者都得到是不可能的。"

与世无争无所求，最后碰到一个条件绝佳又爱自己的男人，这种女人少之又少，前提是她并不觉得这有多难得，因为她本身对此并不渴望。而在争取下的两者兼得，那就是空想。

一个成功的男人背后往往有一个默默无闻毫不起眼的女人，很少有一个同样强大的星光闪耀的女人。一个成功的男人，因为他是世俗意义上的成功，所以他很大一部分时间和精力都得放在外面，而他背后的女人，通常得到的是目标，却不是爱。而往往这样的男人，不会去选择同样强大的成功女人，因为他即使一个月回一次家，也希望家里灯是亮的饭是热的，有个女人在等着他。那就是成功男人背后女人的心酸，她得到了别人眼中的名分和光环，却得不到她最想要的体贴和温存。

"那么爱和目标对于男人能否兼得呢？"我问。朋友在电脑那端给我打了这串字："这是可能的。当男人有了成功的事业之后，他也可能会碰到真正喜欢自己的女人。因为女人通常都会因为欣赏和崇拜而爱上一个老男人，却没有小男生会因为欣赏和崇拜而爱上一个富婆。"这就是男人和女人际遇的不同。身为女人的我不禁唏嘘，感叹世界对女人的不公。电脑这头，我觉得手指冰凉。

其实，我们也可以乐观一点，爱或者目标，你得到一样，就已经很幸运了。在这个世界还有很多女人什么都没得到呢。她们爱情不美满，也没实现过什么大抱负，在哀叹中过了一生。如果选择了追求爱，那就踏踏实实地做个纯粹为爱付出的女人，因为爱情是你的终极梦想。当然，爱情本来就是变化无常也是最难控制的，所以与其说是选择了爱，还不如说是爱选择了你。所以，女人们，爱和目标，你们想好要什么了吗？记住，不要贪心。如果选择了目标，就要把爱埋在心底。

我曾经也如同前文中的小女孩一样问过相同的问题。我觉得女人最重要的是要清楚自己想要什么，尤其是哪个年龄段该做什么事情，比如学习、工作、恋爱、结婚、生子。爱情和事业的双丰收，对于大多数的女人来说，只能是一个奋斗的目标，好比岸边的灯塔，至于到达，概率几乎小之又小。

所以身为女人就要调整好心态。当你选择了爱情和家庭的时候，就要学着去承受没有社会价值认同感的遗憾；当你选择了野心勃勃去做一番大事，那么就要做好爱情婚姻不尽美满的心理准备。

爱情是唯一的，
爱人并不是唯一的

　　我认识一个女孩，是一家外企的项目经理，叫琳达，奔三的年龄，工作能力卓越，深受上司器重，十足的职业女性范儿。迄今为止，她却没有真正谈过一次恋爱，感情是一张白纸。其实她长得还不错，只是工作和生活中都透着股拼劲儿，有时会吓跑男人。终于，她最近和一个男人走得很近，我以为她这次会给我们带来好消息，从而结束她长长的单身生活。"要不你就好好观察一下这个男人吧，你也不小了，相处看看。"我说。

　　"哎，是他在追我，我对他没感觉。"她有点不耐烦地说。但是，等我们见到这个男人后才知道我们的预想都错了。

　　这个男人 32 岁，双鱼座。双鱼男，这是什么概念？《天龙八部》里的段正淳就是典型的双鱼男，处处留情，是天生的绝佳情人。这个男人是一家咨询公司的总经理，虽然不算很有钱，但好歹还是有想法有未来，长相也还行。

那天，双鱼男说要邀请大家一起去唱歌，请来的人有他的朋友也有他的客户。当时琳达还在青岛出差，知道有这个聚会，她改签了机票回到北京，直接就到了唱歌的地方，帮着双鱼男招呼这个喝酒招呼那个点歌，俨然一副女主人的态势。

聚会到一半，陆续有人要回家，每个女孩子走，双鱼男都要亲自送到楼下，体贴备至。为什么琳达会对这个男人这么好，仿佛做什么都愿意，只要双鱼男一声召唤她从不拒绝？原来，是琳达误会了意思。双鱼男不止对琳达好，对所有的女孩子都好。他会温柔地对你说："小心回家。"他会不经意地拍拍你的肩膀，他会调皮地敲敲你的头……暧昧极了！这是双鱼男的惯性行为，而琳达却认为这是他对自己的特别信号。她认为自己是他的唯一，而他却把她当作大众。这个傻女孩还不知道，她还是心甘情愿地把自己的朋友介绍给双鱼男希望对他有帮助，她还是会在无论多累多晚的情况下帮双鱼男改文案，当然双鱼男会请她吃饭会送她礼物，但是他绝对不会对她说那句她渴望听到的话。

我说："其实琳达不错，对你那么好，那么能干而且善良，你考虑一下吧。"

双鱼男说："我知道她对我好，但是我跟她只能做兄妹，不能有再进一步的关系，她太较真，这让我害怕。如果做男女朋友就把这份难得的默契打破了。"

其实，做双鱼座男人的女人不容易，你必须要有强大的能量才能征服他，才能从他众多的红粉知己中脱颖而出成为他的正牌女友。你不仅要懂得浪漫，能干聪明，漂亮有女人味，还要大度宽容。

这个双鱼男之所以不再让琳达往前一步，是因为他害怕受伤害，他有着这个星座特有的温柔善良。但同时他也不会退一步，因为他需要这个女孩的帮助，需要这个女孩对他欣赏的眼光，需要这个女孩对他的好。

不远不近，这是安全的距离，好像对岸摇曳的灯火，看得到，却无法触及，这就叫暧昧。他的暧昧让每个女人都觉得自己很特别，让每个女人都对他迷恋且心甘情愿付出，这才是天生的绝佳情人！

其实，很多女人心中都有一个梦，这个梦只有她们自己知道，像琳达一样，愿意为自己所喜爱的那个男人无私付出，认为他对自己一个微笑的眼神就是爱的传递，认为一个拥抱就是爱的表现，认为自己是对方的独一无二，殊不知这个男人对所有的女人都那样。她喜欢但不敢去承认，生怕别人笑话她女追男，矛盾的内心让她口是心非。渐渐地，她就被剩了下来；渐渐地，她才会从梦中醒过来，只是希望别太迟。在女人的思想里，爱情总是唯一的、排他的。或者说女人都渴望成为对方唯一的爱。不过，这种感觉，这种状态，通常都是短暂的，用这样一句话来描述可能更确切：爱情是唯一的，但是爱人不是唯一的。世界上唯一的你，通常只是女人的幻想，或者是小说中的情话，甚至是被传唱的歌词。

所以，女人，别会错意表错情，要在适当的时候懂得转身。唯一，那是一个完美的梦想，同时也是一个致命的桎梏。

不要为了男人而放弃自己的梦想

　　台湾作家女王曾经给我讲过她的一段经历。在她出书前，她遇到一个在外企做管理且成熟稳重的男人。那时，她发表在博客上的文章开始受到网友的追捧，不少出版社开始找她谈出书的事宜。而这个男人却对她说："我不希望我的女朋友那么高调，不希望你抛头露面去当什么作家，女孩子就要好好地上班，要不就在家乖乖地做家庭主妇。"

　　当时她好失望好矛盾。如果辞掉工作走作家这条路，就可能失去他。一边是梦想，一边是男人。该选择谁？最终她拒绝了出版社的编辑。自此之后，她一度怀疑自己不适合当作家，变得不开心。后来她突然意识到，如果放弃这个机会，那么作家的梦想就会被永远地搁置，或许人生就再也没有这样的机会了。于是，她抓起包就往电梯口跑去……

　　他知道女王选择了当作家之后，只说了一句："你很自私"，然后彻底消失了。女王说，她一点都不后悔当初的选择。经过这次后才发现，女人不要轻易为了男人放弃自己的工作和梦想，那样一旦分手后就会什么都没有了。到那时候，他反而会嫌弃你。

其实，这一直是很多女人纠结的问题。曾经我也有过同样的困惑。曾经我也想过为了某个人放弃一座城市，放弃既有的朋友圈。当我无奈地做出这个决定的时候发现已经没有必要了。当然，女人都是感性的动物，感情来了，什么都顾不了，愿意为男人放弃自己的梦想。可是当有一天感情不在了，男人变心了，这时候女人就会变得什么都没有了。错过了梦想，丢掉了男人，落个后悔不已，这样的例子有很多。

我的一个画家朋友，她的外号叫"色女郎"，她说女人总是抱着寻找真命天子的梦想，实际上这个世界上没有什么真命天子，男女关系的关键是看你和谁在一起最舒服，这就够了。尽管她大肆宣扬她的理论，但是女人们照样陷在梦想与男人的选择矛盾里。

一个好的男人，会帮助你实现梦想，让你的世界更宽广，而不是让你放弃梦想跟着他，让你的世界变得越来越狭窄，最后只剩下他。现实是，当你的世界只有他的时候，他会把他的这个世界给别人，最后女人变得一无所有。

最好不要为了男人放弃你的梦想，要找就找那种支持你梦想的男人。当男人和梦想二者不能兼得的时候（最常发生），那就想想自己在这个阶段最想得到什么（女人每个阶段想要的东西不一样）。在我看来，当你实现梦想的时候，男人们在你的门前都已经排起长队了。

学着接受爱情拼图

女同事在一起聊天的内容不外乎男人和时尚。那天和晴在午餐的时候聊天，她说有天遇到一个很智慧的成功男士，年龄大约 40 岁。晴第一句话就问："我曾经以为自己有过一些感情经历之后会很了解男人，可是当遇到一段新的感情又会发现这个男人与心中所想截然不同。我想问，你们男人究竟想要怎样的女人？"

那个智慧男人听后笑了笑说："我跟你讲一个事实，没有一个男人会愿意一辈子守着一个女人的。他们的感情实际上就像拼图一样，这个女人身上有他喜欢的才华，那个女人身上有他喜欢的性感，另外一个女人身上有他喜欢的知性……"

晴听了这句话想了想。男人跟女人真的不一样，尤其是执着于完美主义的处女座晴。她告诉我："男人总是很现实，女人却总是太理想化。总想找一个男人，他身上有她希望的所有优点，比如成功帅气还专一。而实际上，集这些优点于一身的男人简直少得可怜。所以这样寻找爱情集合体的女人最后都要失望了。"

　　为什么"剩女"会越来越多？美女也愁嫁？我想这才是根本的原因吧。君不见，才貌双全的单身女很多，但是条件再差的男人仿佛也都有女朋友，甚至还不止一个。剩下的为什么是女人？她们一心想要找一个爱情集合体。可是，现实生活中，这样的男人少之又少，被你碰到的概率更是微乎其微。

　　其实，我很想为我的这些"剩女"朋友们正名。那天一个从加拿大回来的小青年问："回到北京来，怎么发现到处都是'剩女'？"我笑着说："是不是她们条件都很好？其实不是她们被挑剩了，而是因为她们不愿意妥协，她们正在挑选中，她们还在等待自己心中的白马王子或者真命天子，甚至是心中的那个爱情集合体。有一天，累了，倦了，认了，死心了，就会选择和一个不讨厌的男人恋爱结婚。"

　　有人说北京"剩女"超过50万，又有人说南京"剩女"排排看，更有卫计委等政府部门欲"英雄救美"，动用宣传手段改变择偶观念，以解决这个"严重的社会问题"。难道真的是女人比男人多？其实不是的，农村还有很多的单身壮小伙儿呢。女人们，只要你想嫁，怎么都嫁得出去，关键是要嫁得你满意你甘心那就有点难了。虽然这边有人大呼"剩女"太多，一部分终于熬不住社会压力而选择妥协嫁了人，但还有一部分女人继续等待和挑选下去。

如果有一天，女人也可以抛弃心中的"王子"情结，而接受了"爱情拼图"理论和现实，我想，剩下的，一定是男人。

亲爱的"剩女"朋友们，别太理想化，像男人一样现实一点吧。只要他身上有一点是你想要的，你不妨考虑一下。

当然，嫁不嫁是自己的事情，娶不娶也是自己的事情，剩不剩还是自己的事情，想改变自己的生活状态就行动起来做出努力。要找一个爱情集合体，实际上就是找一个什么都具备的男人，难免难遂人愿，最终耽误青春，要知道等待的成本对于女人来说很高很高。

你想要一个男人很帅很成功很年轻而且还很专一，天啊，这可要命了。有这样的男人吗？也许有，但是你碰到的概率又会有多少呢？也许是走在街上被原子弹击中的概率吧。

越优秀越好嫁

　　越优秀越难嫁？真的是这样吗？朋友举出了一大堆条件很好但没嫁出去的女人例子。但我不这么认为。

　　来看看琳·佛瑞斯特，也许这个名字你比较陌生。但她有另一个身份，那就是罗斯柴尔德夫人。罗斯柴尔德家族可是真正的豪门，真正的贵族啊！而且是多年屹立不倒的豪门贵族。

　　2000 年，46 岁的琳·佛瑞斯特嫁给了年长她 23 岁、身价超过 10 亿美元的伊夫琳·罗斯柴尔德爵士，走进了罗斯柴尔德家族的大门，成为第三任罗斯柴尔德夫人。

　　当然，琳·佛瑞斯特在成为罗斯柴尔德夫人之前，自己就很优秀了。她不仅聪明有钱还很优雅。她曾是传媒、通讯大亨约翰·克鲁格的助手，亲眼看见克鲁格是如何积累起巨额财富。她凭借一系列成功的创业成为一名亿万富翁，曾被《财富》杂志评为欧洲最具权力女性中的第四位。她与克林顿夫妇是多年的朋友，2008 年美国总统大选，她还是希拉里阵营最有力的筹款人之一。

这么优秀的女人从来就不担心嫁不出去。事实上，这是她的第三次婚姻。24岁的时候，她嫁给了一位与她同样来自新泽西的医生之子。1983年，她嫁给了大自己9岁的百万富翁之子、纽约政治家安德鲁·斯坦因，他们共同孕育了两个儿子，婚姻延续10年。1993年，两人离婚。之后，她独自一人带着两个儿子打拼事业，并成为亿万富翁。单身7年后有了这第三段婚姻，嫁与一位真正富有而拥有权势的古老家族继承人。

越优秀越难嫁，不是说她嫁不出去，只是说明她的要求比常人高一点。通常那种优秀的难嫁女人，没嫁出去不是因为她的优秀，而可能是因为她在外貌上不那么出众。

有阅历的女人与年轻女子比，除了失去青春，实际上没有失去任何其他宝贵的东西——相反，她多了阅历。正如一个风韵犹存被小帅哥追的女人说，一个有阅历的女人，对于男人来说，就像一幅历经朝代更迭的名画。是的，那种女人就像索斯比拍卖行的拍品一样，即使几经易手，依然存在升值空间，即使青春不在照样美丽依旧，照样有人追，有人疼，有人爱。希拉里在其夫艳遇公开后一度要与其离婚，刚有点风声就有几位极品男士对其展开攻势，那时她可不止50岁了。

真正好的婚姻就是彼此平等，女人也要为男人撑起一

我们的幸福和不幸都是自己决定的。

胸怀有多大，

舞台就有多大。

◎ 投资自己是一辈子的事情，投资男人则只是暂时的。

唯有这样，你才能做更加潇洒而明智的自我。

◎ 如果你的状态变成了：

比漂亮的女人聪明一点，比聪明的女人漂亮一点，

再加上比这些既漂亮又聪明的女人性格好一点，那简直无敌了。

我们只要爱过，

就足够了，

没有必要每一次都让自己遍体鳞伤。

片天。大家是互相支撑。那种什么都不需要，只注重你一张脸的，等你这张脸不再吸引他了，你怎么活？

"剩女"没人要，不是因为她们眼光高，而是因为她们不够优秀。她们要做的不是降低标准，反而是提高自己。自己的本领大了，自然让自己满意的男人闻着味儿就来了。现在离婚的，不都是这些早早出嫁的吗？所以还未嫁的女人根本不用担心自己迟迟未嫁，比起那些离婚甚至带着小孩的女人来说，从未嫁过的女人还是有优势的。当然就算女人离婚也不算什么，够优秀的女人照样能迎来自己的"第二春"。

优秀的女人，根本就不用担心嫁人的问题。嫁得好不好，跟你什么年纪、是否有过婚姻无关，跟你自己的实力，包括社会地位、收入、学历、见识、魅力等有关。我一个好友离婚后成功就读美国一所著名的商学院，然后很快嫁给了一个华裔财阀，于是瞬间开启了更广阔的天地。

有个做口碑营销的网站副总是一个离婚等爱的女人，无疑她在事业上是优秀的，但在感情上是困惑的。我告诉她："你越优秀，越有人要你。"她说："我咋没发现呢？优秀的男人身边都有年轻妹妹。"这是因为她的优秀只是体现在事业上，可是在身为女人的角色上，她太过普通，不够时尚，不够优雅，不够有品位，当然也不够妩媚。当我们不被选择的时候，那只能说明我们不够优秀。

所以，单单在事业上的优秀是远远不够的。女人，这一生多么艰辛，尤其是当你想要得到最好的东西的时候，付出的当然要比别人多很多。一个女人的幸福，不是看20多岁的时候，是看她40岁的时候。所以，好好发展自己、提高自己，让自己变得更优秀。

永远都是人外有人，你觉得周围优秀男人都没有了，是因为你不够优秀，你变得更优秀的时候，更优秀的男人就出现了。

男女之间的吸引是源于气场。当你变得很优秀的时候，你周围一定会围绕一群优秀的男人。物以类聚，人以群分，这是很简单的道理。

记住，你越优秀，越有人要你，即使到了50岁，都有人抢着要。尽管你会说，那一定不会是因为爱情。而你一定最清楚，爱情是最不稳定的东西。

爱情会在某一刻归零，
投资自己最可靠

有天去长城饭店品酒会回家的路上，听到了波尔的一席话，我觉得非常有道理。"这个世界上，其实只有亲情、友情，以及事业是最值得投资的，因为这些会随着你的付出而不断累积，唯有爱情会在某一时刻突然归零。"

从前，长辈们就说，女孩子一生最重要的就是要找到一个好男人做老公，这就等于找到了一张长期饭票。或者说，嫁人是女孩子选择第二出身的机会。第一出身你可能无法选择，但是第二出身你是可以选择的。被称为名媛的人，要么是出身名门，要么就是嫁入了豪门。

种种言论表明，爱情和婚姻对女人来说是多么重要，所以很多刚毕业的女孩子，甚至还没有毕业的女孩子，就开始为嫁给一个好男人而奋斗而努力，把自己大部分精力甚至全部精力都花在男人身上。这种举动从经济学上来讲，叫作投资成本。

可是，这个投资成本是否值得，谁也不知道。而女人，错就错在会在感情和男人身上投入太多的成本。包括时间成本、感情成本，有的甚至还有物质成本。是的，说过一千遍"我爱你"，最后也抵不过一句"分手吧"，这就是爱情。曾经爱得多么刻骨铭心，曾经爱得多么死去活来，最后依然会云淡风轻，只是每个人的过渡时间不一样而已。

不要对爱情抱太大的希望，也不要奢求太多。真的，尤其是在这个人心动荡的年代，在这个谁都小心谨慎且不愿意付出的年代，不要奢求太多。也不是说男人不可靠，因为男女都不可靠。

男人可以没有女人，但不可以没有事业。男人可以牺牲女人来得到事业。因为他们相信，离开这个，下一个会更好。而女人总是把现在的和以前的做比较，总觉得都不如从前的好。女人错就错在总是沉湎在过去的回忆里，不肯接受"情感归零"的现实。这是非常危险和不明智的。这会对你的现任或者下一任非常的不公平，从而造成恶性循环，影响着正在发生的或者即将发生的恋情。

所以那些觉得找到一个好男人就是找到长期饭票的女人们，该醒一醒了。现在很少有男人愿意当一个女人的长期饭票，不管是有权还是无权、有钱还是无钱的男人，他们的压力大着呢。也许在他们风光的时候你还可以当一段有钱有闲的女人，而且你还得有本事让他不变心。再说了，树倒猢狲散，十年河东，十年河西，纵然他有心对你好也可能无能为力了。

人生真的很短，青春真的很有限，而值得你爱的人本身就不多。所以，最最实在的，还是对自己投资，对亲情投资，对友情投资。真的，情人可能只是暂时的，而朋友才是一辈子的。

所以，当感觉发生的时候，就让它自然地发生；当感觉走的时候，就让它自然地走吧。

人，终究有清醒的一天，尤其是被爱情一时冲昏头脑的女人。

唯有感情会在某一时刻归零。当一段恋情眼看走到九十九步了，却因为一步之遥而结束那就是等于零了，当你开始一段新恋情的时候，你又得从零开始，一点点地付出。可是如果你在感情上不投入，那就连归零的机会都没有。

当你和一个人相恋，你们可能是彼此的天或者地，水乳交融，不可分割。你一定要明白，爱的时候可以全情投入轰轰烈烈，转身的时候就干干脆脆从零开始。

所以，投资自己是一辈子的事情，投资男人则只是暂时的。唯有这样，你才能做更加潇洒而明智的自我。

女人一生要谈多少次恋爱

　　唐代关盼盼，原是徐州名妓，后被徐州守帅张愔纳为妾。白居易远游徐州，张愔设宴款待他，席间，还让宠妾关盼盼歌舞助兴，白居易大为赞赏关盼盼的才艺，写下了"醉娇胜不得，风袅牡丹花"一诗。两年后张愔病逝，姬妾们作猢狲散，只有关盼盼难忘恩情，移居旧宅燕子楼，矢志守节，过着与世隔绝的生活，一晃，十年过去了。

　　白居易听闻了关盼盼守节一事，认为她既已坚持这么久，何不索性以死殉夫，留下贞节烈妇的名声，成就千古美谈呢？于是提笔作诗，托人转交关盼盼——"黄金不惜买蛾眉，拣得如花四五枚；歌舞教成心力尽，一朝身去不相随。"关盼盼看到这首诗，大哭一场。她之所以不死，是唯恐别人误会张愔自私，让爱妾殉身，反辱没了张愔名声，所以苟延残喘，偷生了这些年。而白居易竟以诗作讽，逼她殉夫，怎不悲愤？性情贞烈的关盼盼在十天后绝食身亡。

当然，男人死后女人要殉身，这对女人来说有点残忍。从前，女人要是婚前失身那是要被赶出族群的，女人要是再婚就会被当作不贞。随着社会的发展，女人的自主意识和追求幸福的意识在逐渐苏醒。

一个在甜蜜爱情中的女孩对我说："男人是越多历史越好，女人是越简单越好。"婚前的女人大都是这么认为，只有像洪晃那样的熟女才会开专栏讨论"女人要跟多少男人才够本儿？"这要是换在古代，想必就算是皇亲国戚，也会被人戳脊梁骨了。

当然，研究"到底谈多少次恋爱才结婚，找多少个男人才够本儿"之前，好歹琢磨琢磨什么才是"本儿"？要是能量化则再简单不过——"年龄＋肉体损耗＋脂粉鞋袜＋耗费时间＋礼物＋餐费＋避孕药＋因情绪波动死亡的脑细胞"，这么算来，男人越多，损失摊得越薄。问题是，恋爱不是卖笑，有多少女人愿意这么计算自己的投入产出？

通常，起码要交往三四个男人后，女人才能真正了解不同类型的男人，才能更清楚自己想要什么。纯粹追求数量是没有意义的，到头来反而让自己觉得是在浪费时间，但数量太少又不能说明问题。这就像职场高手，遇到的案子越多，越复杂，经验就越丰富，抗风险能力就越强，处理下一个案子的时候就越有信心。但如果她经手的都是同一类案子或都是很简单的案子，那么重复多了就成了浪费时间。

这样的女人练就了一副 X 光眼，很多男人在面前一过，就被她猜透了七八分，这能够帮助她快速过滤掉她认为不适合她的男人，以免浪费时间。弊端是阅人太多，失败的体会太多，有可能心态不再积极，丧失了宽容与全情投入的能力和勇气，让男人望而生畏。而且交往了一大把男人都没有什么结果，不能不说是对时间和精力，以及青春资源的浪费。

民国时期有两个女人是出尽风头的。那就是陆小曼和林徽因。《民国女子》一书中这样写道："陆小曼的一生，活得真是纵情。林徽因是不能及的。林徽因与陆小曼一样，都有优秀的男人爱着，不同的是林徽因纠结的性格让她无法享受到男人的呵护娇宠，而陆小曼可谓享受到所有男人对她至情至性的爱。"与陆小曼相比，林徽因少了一份为自己活着的勇气。她的一生都在为责任和理想活着，为别人活着，希望能在人前有个最好的姿态。

在现代，越来越多的女人会选择陆小曼这样的生活方式，活得真实而又精彩，实实在在地享受着男人的爱。人生本来就很短暂，女人本来就需要爱需要宠。

活得像陆小曼那样该是大多数女人的梦想。洪晃说女人一生至少得要有四个男人才够本儿，这话有一定道理。不过对于大多数女人来说，女人经历多少男人其实不重要，关键是是否幸福，这点是女人和男人最大的区别。男人可能更在乎过程，而女人却关注结果。只要结果是幸福的，那么一切都不重要了。

爱情需要折腾

　　以前，长辈们总是教育闺中的女儿要听话要忍耐要乖巧要等待，说是那样的女孩子会比较能讨得男人欢心，比较能留住男人。可是时代不同了，这样的乖巧女生，除了命好的，大多都在残酷的现实面前不是低下了头就是高昂起了头。

　　"趁着结婚之前好好折腾"，很多人说。"结婚是为了更好地折腾"，好友说。人生短暂，贵在折腾。趁着年轻能折腾的时候赶紧折腾，否则等老了想折腾也折腾不了了。都说四川重庆女子特别能折腾，虹影就是长在重庆江边的女子。好友说，"巴蜀的山水特别养这种气，养这种劲儿，这种韧性是任何人都打不倒的，它会生生不息。就好比人的内功一样，一般人是很难将其伤到的，好比峨眉派，拳不接手，枪不走圈，剑不行尾，方是峨眉。化万法为一法，以一法破万法。以弱胜强，真假虚实并用"。

　　活到老，折腾到老。能折腾的人才会幸福。如果你不去争取不去行动就干坐着等着老天赐馅饼，这样的概率不是没有，但是小之又小。你不去折腾，怎么知道什么是自己最喜欢的，什么是最适合自己的？很多人说，折腾个啥呀？累得慌。可是这个世界，做什么不累？躺着晒太阳不累？呼呼大睡不累？要想活得精彩过得幸福而且得到成功，你就不得不折腾。

其实，折腾是一股劲儿、一口气，如果一个人缺乏折腾劲儿，那说明他已经提前迈入老年人的行列了。唯有折腾，才是生活的乐趣。

自己的幸福自己做主，不服输，不妥协，不放弃，不气馁。这才是折腾的真意吧。尤其是大都市的女子们，想不折腾都不行，是被逼着折腾的。

事业是要折腾的，爱情其实有时候由不得自己。女人其实大部分都是希望风平浪静的，可是天下不太平，女人的折腾的确是被逼出来的。当情场起了风云，折腾的劲儿就得拿出来。

我觉得年轻的时候，不管男女，折腾得风浪越大越好，等到老了的时候，越平静淡定越好。人生就是一场体验，如果你什么都没有体验过，那你的人生岂不是过得很冤？

女人归根结底是在和自己谈恋爱

佛陀曾遇到这样一件事：有一天国王来到佛陀跟前听法，并开始练习内观，而通常在家中只要有一个人开始学，慢慢地，法就会影响到家中其他的人。因为国王是一家之主，一国之长，他的影响力自然很大，家中所有的人都在练习这种方法，王后玛丽也成为一位很好的修行者。他俩常在皇宫里同一禅房内观。

有一天内观一小时之后，国王问王后："若有人问你，你最爱的人是谁，你会怎样回答？"她说："我内观的时候，同样的问题也浮现出来，我发现其实除了自己，我谁也不爱。"国王笑着说："好极了！我也有同样的问题，同样的答案。"于是他俩相携去见佛陀禀告他这件事，佛陀说："说得好！说得好！"这是走出痛苦的第一步，当一个人开始发现这个问题症结所在，就可以走出问题，解决问题，否则一辈子都活在想象中。

"我爱我儿，我爱我妻，我爱我夫，我爱这，我爱那。"

其实你谁也不爱，你只爱你自己，爱自己的欲望、希望与梦想。我爱这个人是因为我期待他能实现我的理想，一旦他的行为和态度与我所要的背道而驰，所有的爱就消失不见，所以我不是爱别人，而是爱自己，只要能认清这一点，就很容易去除私念，就能够走出以自我为中心的习性，所以这是内观者第一个重要的体会。

我们常在许多时候感叹世间没有完美的爱人与情人，却忽略了自己要的到底是人还是神明；常常希冀着完美浪漫的恋情，却忽略了浪漫和现实难以相容的部分；我们常常爱上了感觉，爱上了默契，爱上了浪漫，却不一定是爱这个人。殊不知你该爱的正是你选择的这个人。

女人总是渴望遇到一个完美的男人，如果真的爱上一个完美无缺的人，那么在往后相处的日子里你们还有什么成长的空间呢？他有些缺点可以让你学会包容，他有些不足可以让你为他弥补，这样的爱情才有交集，这样的生命才有牵引。

而当有一天，孩子渐渐长大，生活围绕着油盐酱醋转，男人已经渐渐忘记了情人节或者纪念日，觉得买鲜花还不如买白菜，男人觉得没有必要去跟老婆浪漫了，或者男人开始忙着跟外面的女人浪漫了。而女人，不管多大心中总有浪漫的爱情梦，那个梦不会因为年龄大了孩子大了就没有了，她只是藏在了心底，在空闲的时候这个梦就会跳出来。

就像张学友的那首歌："她来听我的演唱会，在四十岁后听歌的女人很美，小孩在问她为什么流泪，身边的男人早已渐渐入睡，她静静听着我们的演唱会……"

余生，女人就是自己和自己谈恋爱了。临水照花，那是女人的常态。

女人在恋爱的激情过后，剩下的是自己和自己谈恋爱，而男人只是一个木偶，一切都是女人自己的幻觉罢了。自恋，和自己恋爱。女人去爱一个完美的恋情，实际上爱上的只是一个完美的标准罢了，而且是她自己心中构想的那个完美的标准。而那个实实在在的人，随着岁月的消磨，早就变得平淡不惊。这就是我们常说的爱情变成了亲情。可是，女人的一生是不能没有爱的，现实却不能让女人永远有恋爱的感觉，所以后来的爱都是女人的幻觉了。

女人的幸福只有自己可以决定

幸福不是天上掉下来的馅饼。幸福从来就是要花心思的。

什么叫好女人？就是能够激发男人心中最美好的东西并为之努力的女人。其实只要是人，内心都有美好和邪恶。关键是看在你心中什么主导了你的行动。有些女人因为不懂这些，总是激发男人心中邪恶的东西，并刺激他们去付诸行动。所以，女人不但要使自己完美，提高自己，而且要用自己的行动去激发、去感染身边的男人。人为什么愿意和比自己优秀的人在一起？就是因为优秀的人能激发他们心中的斗志。激发自己也能产生和他们一样的想法。

如果一个女人要靠男人才能幸福，那是她的悲哀。一个人，一生完整的幸福是：一份自己的事业，一个美好的家庭，一个能够完成父母梦想的孩子。所以美好的家庭在幸福中只占了1/3。如果你把婚姻的幸福扩大到100%，那么也就是你不在乎有没有事业，不在乎儿女是否成功，只在乎自己，这样你一定不是个幸福的女人，同时你的家庭也一定存在隐患。

曾经，我们认为一个人最幸福的爱情是与和你第一次结婚的那个人在一起，其实不然，最幸福的爱情是与和你维持婚姻时间最长的那个人在一起。比如我们25岁结婚，75岁死亡，那么我们的婚姻将是50年。而你年轻的岁月在这50年中间占多少？你中间的婚姻是否会有变故？把自己逼入二选一境地的女人，绝对是不明智的。

曾经，我们苦苦地寻找着那个给自己幸福的男人，而实际上，幸福不是男人给的，而是我们自己给自己的。试想，如果小S不是那么自信那么率性，那么许雅钧也不会和她结婚。

对于大多数女人来说，幸福是女人最终的梦想。幸福是一种感觉。我们总是孜孜不倦地寻找着那些和幸福相关的元素，寻找着能够给自己幸福的男人。这世界上的确有的男人能给你幸福，有的男人给不了你幸福。但是归根结底，能够给你幸福的男人同样也是因为他觉得你可贵才会给你幸福。

我们的幸福和不幸都是自己决定的。

你值得拥有更好的爱情

　　人生就是找寻爱的过程，每个人的一生都要找到四个人：第一个是自己，第二个是你最爱的人，第三个是最爱你的人，第四个是和你共度一生的人。你首先会遇到你最爱的人，然后休会到爱的感觉，因为了解了爱的感觉，所以就能发现最爱你的人；当你经历过爱人与被爱，学会了爱，才会知道什么是你需要的，也才会找到最适合你，能够和你相处一辈子的人。但悲哀的是，在现实生活中，这三个人通常不是同一个人。你最爱的人，往往没有选择你；爱你的人，往往不是你最爱的；而陪你最长久的，偏偏不是你最爱也不是最爱你的，只是在最适合的时间出现的那个人。你，会是别人生命中的第几个人呢？

　　当他不爱你的时候，无论过去他爱过后来却忘了，又或者是从未爱过，当你无法成为他心里的那个人的时候，他的心便不会记得你。虽然他知道你深爱他，但他宁可装作不知道。爱一个人是无法掩饰的，不爱一个人的时候同样也是无法掩饰的。

当他不爱你的时候，你的爱，你的人，就会显得廉价许多，你便处于下风，这是人的本性。他会说："好，不过我现在有点事情。晚点的时候你再给我电话吧。"而你这时千万不要当真，他只是找了个不是很高明的理由来搪塞你。

当他不爱你的时候，请不要与他讲你的琐事，也许此刻，你不过是希望让彼此更熟悉一些。只是，他却无暇更没有兴趣去了解你，你的生活、你的过去、你的长处短处与他又何干？即使讲了，他也很快会忘记，就如他忘记你的生日、你的地址、你的电话一样。没有爱，你注定挤不进他的生命。

当他不爱你的时候，请不要在他的面前流眼泪，不要在生病的时候告诉他，他无法给予你照顾和关心。别把同情当作爱，那太可悲。甚至有的根本连同情都没有，到时候你会觉得更悲凉。

当他不爱你的时候，你的爱便是他的负担。请不要去计算自己的付出，不要期望有什么回报。爱着不爱自己的人，本身便是没有回报的。不要计较对与错，这样会快乐些。要记住，你与他之间的爱，是单方面的，你用心，他无心。所以，也不要怪他。爱一个人，对一个人好，本来就是一种本能。对不起，他没有这样的本能，因为他不爱你。

叶细细在书中写道："同样被男人抛弃，朱安（鲁迅原配）没有享受过正常女人该有的生活，孩子也没有。她只有一个名分。相比朱安，张幼仪是不幸里的幸运者，离开徐志摩后，她找回了自己，事业成功，在54岁时，再嫁给一个姓苏的医生，苏医生对她很好，给了她温暖的后半生。"

当他不爱你的时候，请不要失去自信。因为爱一个人，并非因为他的优秀，而只是一种感觉。他让你有这样的感觉，于是你爱他。同样，他不爱你，也并非你不优秀。优秀，不是爱的理由。看看还有那么多爱自己的人，淡淡地微笑一下，也是异样的甜美。

李碧华说："有些感情是指甲，剪掉了还会重生，无关痛痒；而有些感情是牙齿，失去以后永远有个疼痛的伤口无法弥补。"当他不爱你的时候，你就放他走吧。就好像将一条鱼儿放生一样。对他是一种解脱，对你同样也是。你就当他是可重生的指甲，剪掉了，还可以长出来。

蔡健雅《陌生人》里唱道："当我了解不爱了，连回忆都是负荷。"是的，当你明白不爱了，连回忆都是负荷。所以，你也可以学张幼仪找回自己，有个温暖的下半生。

当一个人不爱你要离开你，你要问自己还爱不爱他，如果你也不爱他了，那正好，放手让彼此都自由。如果你还爱着他，也应该放手。爱情也是力的相互作用，你越拉他，他越会挣脱。爱不是占有，你喜欢月亮，不可能把月亮拿下来放在脸盆里，但月亮的光芒仍可照进你的房间。

你爱一个人，也可以用另一种方式拥有，让爱人成为生命里的永恒回忆。如果你真爱一个人，就要爱他原来的样子——爱他的好，也爱他的坏；爱他的优点，也爱他的缺点。绝不能因为爱他，就希望他变成自己所希望的样子。当然，最好是当不爱的时候，也不要去回忆。人还是要向前看的。

女人要做自己世界的国王

其实我不太喜欢听到女人抱怨："这世界上的男人都不是好东西！"絮絮叨叨数落着男人的罪状，一副怨妇加泼妇的表情。为什么怨妇和"剩女"越来越多？的确，现在靠谱加靠得住的男人太少了，越是优秀的男人越不靠谱，也越靠不住。当然不是说这个世界上所有的男人都靠不住，但最靠得住的还是自己。

"什么都靠不住，只有靠自己"。这是我前文提到的一个女画家朋友说的，她的外号"色女郎"，究竟是迷恋"颜色"还是"男色"？恐怕二者兼有吧。她原来从事美编工作，由于天生对色彩和画画有特别的感觉，加上没有专业的美术理论的框架束缚，所以她的油画很随意，但是却很有创意。

最近她跟一个年纪可以做她老爸的男人在一起。我原本认为那个男人应该是有危机感的，可是我错了，反而是这个女画家有很强的危机感。

"他身边都是想跟他结婚的成功女人，有钱有势，而我什么都没有。我其实挺担心被甩掉的。"

"可是你很年轻呀。这是最大的本钱，况且你身材还蛮好的。"

"那些成功女人也保养得很好的。"她说。

"那怎么办？"

"所以我极力地说服他帮我办画展，让我在画家圈中打拼出属于自己的位置。我们俩虽然住在一起半年了，但是不论是吃饭还是买冰箱，所有的支出都是 AA 制的。"女画家这么说。

"那你是明智的。因为对于一个画画的来说，没有比才华和名气更为重要的事情。那才是真正的无价之宝。所以就别在意这个男人是否为你花了多少钱了。他为你办画展，给你出谋划策，那就是付出他的精力了。要换别人，给他钱他还不乐意呢。"我说。

无疑，这个女画家朋友是极为聪明的，她明白自己最想要什么。所以即使有一天，她被这个男人抛弃了，她也成长了，不管是感情上还是工作上，自己的成长才是最大的财富。

所以，凭着她的努力和这份聪慧，我想三年后，她一定会在美术界拥有自己的位置。能干的女人怎么出名的？那都是被逼出来的。因为男人不可靠，所以就要拼命地努力，壮大自己。其实，即使你跟了一个有钱有势的男人，最好还是要有自己的天地，有自己的圈子。

你看可可·香奈儿，有上流社会男人的宠爱，她完全可以衣食无忧地过着光鲜的生活。但是她没有选择那样的生活，她用她的双手，开辟了一个属于自己的服装王国。

所以，你也要做自己世界的国王！

现在的女人，经济独立自己买花戴、自己买名牌穿的数不胜数。就像《欲望都市》里的四个女子一样，她们美丽、智慧且独立，她们对不喜欢的男人不用忍气吞声，可以大声地说"不"，然后潇洒地转身。

当然，女人靠自己，并不是说女人可以没有男人，这世界还是没有什么可以替代男人的。靠自己的女人会越来越赢得男人的尊重，你越不需要依赖他，他反而越要给你依靠。

Part B

慧眼识男，如何找到适合自己的男人

如何找到最适合自己的男人

总有朋友问我："到哪里去认识适合自己的男人？"这个问题让我想起了由郑秀文主演的电影《嫁个有钱人》里的宝典，比如去健身房或者坐飞机头等舱等等。之前，还听说有女生为了钓个金龟婿天天去王府饭店的咖啡厅喝咖啡。据说赌王的四姨太当时为了吸引赌王注意，就特意去赌王常去的健身房，最后凭借她的美貌和智慧终于得手了……

诺贝尔文学奖得主萧伯纳说："此时此刻在地球上，约有两万个人适合当你的人生伴侣，就看你先遇到哪一个，如果在第二个理想伴侣出现之前，你已经跟前一个人发展出相知相惜、互相信赖的深层关系，那后者就会变成你的好朋友，但是若你跟前一个人没有培养出深层关系，感情就容易动摇、变心，直到你与这些理想伴侣候选人的其中一位拥有稳固的深情，才是幸福的开始，漂泊的结束。"

世纪佳缘网的老总说："在全亚洲，女性的婚姻资本就是年轻和美貌，而男性的婚姻资本则是财富和地位。"他说的没错。可是女人的年轻和美貌总是短暂的，所以得在花开的时候寻得好人家，否则花期一过就成为明日黄花。那么究竟该怎样找到最适合自己的男人呢？

首先，where（在哪里）？

关于这点，我觉得《嫁个有钱人》里说得很有道理：去参加男人比较多的活动，比如攀岩、打高尔夫、健身等。早年赵赵出了一本《女白领金老公》，书中也给了不少意见。大家还可根据自己的城市或者生活圈子的特点进行"男人大搜罗"。

其次，how（怎样）？

关于怎样寻找，我觉得掌握到这三个原则就差不多了：大量发掘，重点培养，择优录取。男人就如同种子，当然是需要好好挑选的。要找到适合自己的好男人，在没开始前，先解决定位问题，你要在心里有个大致的轮廓，我需要一个什么样的男人？记住，附加条件不能太多，一旦太理想化了往往也很难找。要面对自己的死穴，把你最不能接受的 pass 掉，比如有的人不要花心男，有的人不要老男人，有的人不要"凤凰男"，有的人非车房族免谈。然后，再根据自己的定位，去粗存精，通常，这种排除法比较有效。

同时，要切记几个"不"。

不要总说："我觉得只要感觉对了，就可以了。"感觉是最不靠谱的东西。一般各方面条件都不错却总找不到适合自己的，原因都是这个。一直追求感觉，也不是什么错，只要你够坚持，死扛，或许有那么一天，感觉真的会来，但是概率太小。我身边的朋友大都是到最后妥协了。

不要对寂寞投降随便将就。女人通常都害怕寂寞，在没找到合适的男人之前，很多人都会想找一个男人过渡。如果你是情商过低且过于善良的人，建议宁可一个人独处，也别让任意一个男人来陪伴你。不要轻易接受不熟悉的男人的好意，不接受不喜欢的男人的馈赠（尤其是衣物和贵重物品）。你得学会享受寂寞。当你在并不适合自己的男人身上流连的时候，可能适合自己的男人就与你擦肩而过了。

决定爱一个人，步子放慢点，看清这人是否真的是你想要的。美好的邂逅，那是女人的幻想。邂逅一个人靠际遇，可是持续爱一个人靠努力！路还很长呢。

女人在经历过几段感情之后就会发现，那些最优秀的男人不一定是适合自己的人。年轻时候心比天高，慢慢就变成了面对现实清醒，这是每个女人必经的过程。

一个很纯情的男人和
一个情史丰富的男人该怎么选

　　我认识这个 Grace 是在半年前，她是央视某节目导演，物质充裕，车房具备，什么也不缺。我见她的时候，她就缺一个她爱的老公。她那样的女子，感情世界里全凭感觉，因为无须为了物质而去妥协，所以比起普通的柔弱女子，在爱情的天平里，她的爱更有分量也更有纯度甚至会更纯粹。为了一套房子一辆车子而选择男人不会发生在她身上。这边母亲大人催得紧，那边同学的小孩都开始要红包了，好友的叮嘱让她开始下决心做选择。于是，她开始一个一个男人带给我们这些姐妹团看。终于，Grace 不负众望，带着正牌男友给我们看，两人的甜蜜写在脸上，并且筹划着春节去见父母，筹划着结婚生小孩。

　　这位男士长得一副福气面相，不管是鼻子还是耳朵甚至脸盘，都是透着圆润。于是我们称之为"福男"。福男是一家 IT 公司的高层，典型的浪漫双鱼座。中医世家，相貌堂堂，品位一流，关键是特能讨得女人欢心，绝对是 IQ 和 EQ 都高。这样的男人，身边不是美女如云才怪。关键是他太懂得女孩子的心理，他深谙恋爱之道，他愿意为了心仪的女孩，在电影院门口默默地守候三个小时直到小商贩都要打烊。遇见 Grace 之前，他的确是"百花丛中过，片叶不沾身"。女人就如同他的睡衣，需要的时候就穿上，不需要的时候就脱下。他深谙潮流，对时尚了如指掌，他的每一件衬衣都有艺术的细节，品牌不是迪奥就是杰尼亚。

Grace 知道，面对这样的男人，不能追究历史，她微笑着对他说："老公，不怕你花，就怕你没花过。"正所谓高手遇到高手，精彩纷呈。果然，福男在遇到 Grace 之后，斩断过去的所有情丝，安心地经营着两个人的未来。他开始看大房子，开始想着怎么过岳母关卡，开始谋划着未来一起创业给小孩好的物质基础……

我问 Grace 有什么秘诀把这个男人"降"了？ Grace 笑着说："为什么说我把他'降'了，而不说他'降'了我？我条件也很好，他和我在一起也是福气呀。"

是的，Grace 本身就很优秀，漂亮、能干、有才气，典型的"出得厅房，入得厨房，上得床"的女人。她刚柔并济，工作中有一股大气和霸气，生活中又是一个温柔贤惠的小女人。

其次，Grace明白工作角色和家庭角色一定要分开。"自己在外面再威风再被人捧，回到家就是他的一个小女人，我曾经早起来给他熬粥，我曾经给他把洗脚水端到床前蹲下身子给他洗脚。我跟你讲，没有一个男人不会对这样一个女人投降的。"这让我想起当初黄和祥要娶巩俐，就是因为有次他回到家，看到素颜的巩俐正低着头专心地擦地板。他被这一幕打动，于是很快和当初想要结婚的巩俐结了婚。试想一个在外面本来就很风光的女人，回到家甘心做你的小女人，这样男人该有多大的满足感，多大的荣耀呢！他岂不是心里得意死了。

再次，永远要让他知道你有魅力有很多人追。的确，围绕在Grace身边的男子不计其数，用一个连来形容都毫不夸张，有事业有成的千万富翁，有英俊帅气的同行，有前途光明的高尔夫精英，还有踏实能干默默关注她的老朋友……所以，即使他俩在约会的时候，问候Grace想约她出去吃饭的男人仍然不计其数，不管是有意的还是无意的，福男都知道。说是一种坦白，其实就是让福男知道她有很多选择，你不努力不用心那就没戏。于是福男开始吃醋了。吃醋对于恋爱中的男女可是好事情。他开始对Grace更加用心，担心自己稍微不留意，Grace就被别的男人抢了去，于是开始着急买钻戒向Grace求婚。

这个世界有多少女人有这样的气度和胸怀？但有这样

在爱情的萌芽期，请记得要往前迈一步，

因为往前一步不一定是万丈深渊，

也可能是柳暗花明桃花盛开！

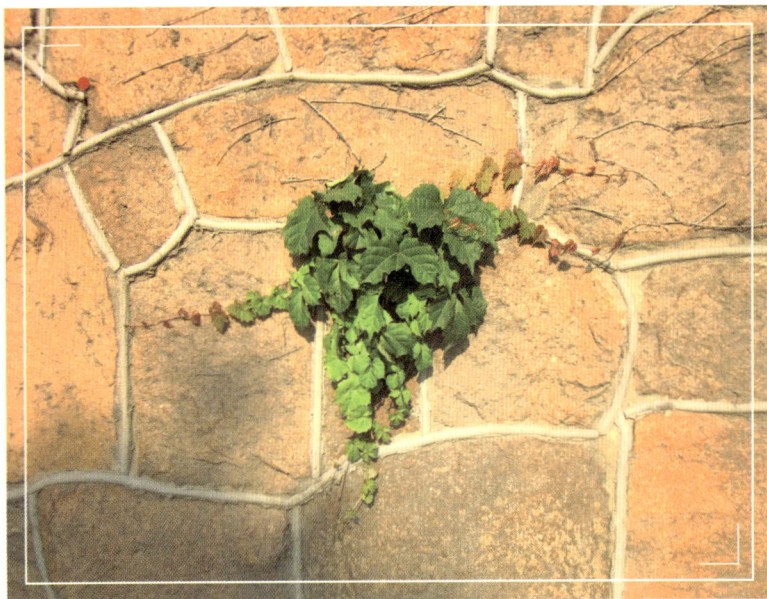

生命常常就是一次出乎意料的赌博。

上帝是公平的，让每个人都可以微笑。

的态度无疑是最明智的。谁都有过去，追究历史那是最愚蠢的行为，重要的是现在和未来。从来，越是各方面优秀出众的人历史越是精彩。除非你找到的是一个不被人追逐的人，男人和女人都如此。记得我曾经和一个家具品牌的女强人聊天，她特别喜欢程前，我说，程前离过婚的。她笑着反问了我一句："这种有魅力的男人肯定一堆女人喜欢的，不过没有女人喜欢的男人，你会去要吗？"

不怕你花，就怕你没花过。正因为他曾经花过，所以从今以后的任何诱惑他都没有了兴趣，他已经产生了免疫力，他累了，他腻了，他觉得没有意思了，所以他想要安定了，想要好好过日子。这对于女人来说，无疑是一个好的结局。因为女人一旦爱了，就想成为男人的最后一个女人。而面对一个青涩且毫无经历的男人，你得开始担心了，因为他对这个世界有着太多的不确定和好奇，你极有可能是他的驿站而不是最后的港湾。

所以，当你遇到一个有着丰富情史的男人，不要头疼，接受这个事实。别去计较他的过去，跟他的过去较劲就是跟自己较劲，那会让你过不了安稳日子的。光有这种气度还不够，你还得有魅力，至少在他眼中你得表现得很有男人缘，永远都不怕没男人爱没男人追，这样你赶他他都不走了呢。

小时候，我们都渴望遇到一个纯情的王子，可是当我们经历人事之后，我们其实更愿意选择那些情史丰富的青蛙。这世界上有两类男人：一类是他们可能开始很专一很纯情，可是后来禁不住诱惑越来越花心；而另一类男人他们开始的时候可能一天一个女人，但是当他找到了最爱就会变得非常纯情，反而会格外珍惜。显然，后者更能给女人幸福。

两个人能否走在一起，最关键的其实是时机。是的，时机很重要。你出现在他想要安定的时候，那么你就胜算很大。如果你出现在他对这个世界充满了好奇的时候，那即使你有多美多优秀都是徒劳的。当然，要驾驭这样的男人的女人，宽大的胸怀那是必须要有的。

遇到一个"不婚主义"的男人怎么办

电影版《欲望都市》里的Carrie说："之前说的是寻找爱，现在说的则是找到爱之后。" Mr. Big 其实就是一个不婚主义者，不过，两人分分合合纠缠了十年后，终于，这个离过两次婚的金融家在拥有漂亮露台和超大厨房与衣柜的大房子里向Carrie求婚了。他们终于能够幸福地住在一起了。Carrie 开始忙着整理自己公寓的衣物，开始拟定婚礼嘉宾名单。可是，当 Carrie 穿着设计师 Vivienne Westwood 为她订制的华美婚纱来到教堂，当她的朋友都来到教堂观礼的时候，Mr. Big 却已经离开了。

穿着 Vivienne Westwood 品牌价值上万美元的完美婚纱，Carrie 再次成为全纽约人的笑柄——所有人都知道一个耍了她十年的男人再次把她给甩了，更恐怖的是，她连蜜月旅行的钱都交了……当 Carrie 听到 Mr. Big 不能来的消息时，手机瞬间滑落，目光呆滞，穿着华美礼服的她行动不便，那一刻，她多么希望能钻到地缝里。她要赶紧逃离现场，在好友的护航下以最快的速度消失掉，可是，偏偏，上了婚车，婚纱还得要好友塞一下才能完全关上车门。这时候，Mr. Big 又回心转意了，他赶了回来请求原谅。而 Carrie 正要走，看见 Mr. Big，伤心欲绝的她将大把的玫瑰砸向了他："你羞辱了我。"粉色的玫瑰花瓣掉了一地……

看到这里，我的眼睛也湿润了。纠缠了十年的感情，从大街上 Mr. Big 撞翻 Carrie 的手提包相遇开始，再度相遇、相爱，因为 Mr. Big 的不确定而分手，于是两人各自有了新的旅程（Carrie 交了新的男友，而 Mr. Big 结了婚然后又闪电离婚），他们发现忘不了彼此，于是又复合……时光流逝，用十年的时间，他们终于发现彼此是自己的唯一。可是，想要一个承诺却又那么难，即使在给了承诺之后照样逃脱不了新郎落跑的结局。

现实生活中不婚的男人会越来越多。他们可分为三种。

第一种是历经沧桑男。这种男人对婚姻是彻底怕了。他们之前有过婚姻史甚至孩子，深知婚姻是什么样子，不想再被牵绊，而关于下一代，他们也没有太多遗憾。之后的感情生活只谈此时感情无关日后计划。在上一段婚姻中耗尽了热情挫败了信仰，没准儿还被分走了大半家产，从精神到物质都成了残疾人，医学上管这叫"不可逆创伤"，谁再跟他提结婚他马上闹心脏病。Mr. Big 就属于这一种。

第二种是长不大的男人。这种男人是还没有准备好接受婚姻。自己当孩子都没当够，干吗要去当孩子他爸。他们生来就是为了恋爱，多从事艺术行业，追求重视个人感受，容易恋爱，容易一次又一次地恋爱。结婚意味着生生地绑住他们的翅膀，他们像彼得·潘一样是永远长不大的男人。他们的爱情观是"一起Happy没问题，没感觉了马上说ByeBye"。这种男人害怕一旦结婚就会失去自由沦为奴隶，失去肆意的夜生活及在异性面前的吸引力。唯一上得了台面的借口是"事业还没有上轨道，钱还没赚够，还不能给你一个安定的未来"。

第三种是现实自私男。这种男人是害怕负责任害怕被分家产。从表面上看，他们是最好的结婚对象：单身，有教养，有品位，名下已有一份事业，温柔体贴，人前人后都能把你照顾得无微不至——不过他们就是不愿意结婚，而且一开始就把话说得很明白，原因很简单，他们认为婚姻是荒谬的，他们根本就不认可这种形式。很多超级有钱的男人就属于这一类，他们觉得婚姻就是束缚，而且搞不好会分掉自己辛苦打拼来的半份家产。所以，他们可以很慷慨地给女人分手费，却不能跟他们提结婚。

Promise don't come easy（不要轻易承诺）。尤其是你在乎的人的承诺。那么女人该怎么办？女人首先要有火眼金睛，如果你是对婚姻充满美好幻想的女人，那么遇到以上这三类男人就撤，惹不起咱总躲得起吧。

如果你实在中邪了，就是偏偏被这样的男人吸引，那么你不妨学学《欲望都市》里的 Carrie，等待，漫长的等待和付出，期望有一天他重拾对婚姻的信心。当然，这是一个漫长的过程，也绝对是一场持久战，短则几年，长则可能一辈子，你要有信心和决心跟他耗下去，还得有竹篮打水一场空的准备。记得台湾歌手张宇曾经也是不婚主义者，最终抵不过十一郎默默地等待和付出，现在张宇已经是一个模范老公和老爸。

最后，不妨学一些小技巧，比如打好其父母牌，比如打好其朋友牌。这些参见现实中的案例和小说中的案例，一定是有效果的。

这个世界不婚男女将会越来越多。当然很多是伪不婚。为什么不婚？是因为他没有遇到觉得适合结婚的人。如果一个男人迟迟不肯和你结婚，那一定是你还不是他心中的太太人选，说什么没房子说什么没有事业，这些通通都是借口。

所以，当你面临这种情况的时候，一定要想明白，别再白白地为他耗着自己的青春。这些口口声声不结婚的男人，通常在和你分手之后转头就跟别人闪电结了婚而且还很快有了小孩，这样的例子有很多。也不用懊恼，这只能说你们有缘无分，也只能说你不是降他的那个人。

爱上比自己小的男人怎么办

　　这世界上有很多对姐弟恋，不过半数以上的都无疾而终，之后少数的姐弟恋修成了正果。

　　他叫阿林，做服装生意，刚满 30 岁，比普通的上班族多一点想法，但是还处在艰苦的创业期。他原本有一个同龄的女友，那是他的大学同学，温柔娇小，交往了 8 年。在别人看来他们是特别般配的一对，而且都见过了各自的父母，准备要步入婚姻的殿堂。

　　可是，事情偏偏出了意外。没过多久，阿林就向女友提出了分手。这让他的女友既难过又困惑，她不知道自己哪里做错了。可是阿林什么都不说，只是说他无法跟她再在一起。原来，阿林偶然在 QQ 上认识了一个女人，她叫小朱，刚离婚，还带着一个 5 岁的孩子。为什么要离婚？问题出在性上，小朱性冷淡。这让双方都非常无奈，原本好好的家庭就因为这个原因瓦解了。她自己是公司职员，老公是公务员。这边她和老公刚离婚，老公就和自己的下属结婚了。她感到很失落很难过。对比自己渺茫的未来，她就只能哭泣。电脑这头的阿林听了她的遭遇，觉得她非常非常可怜，一种怜爱之心油然而生。

他们见面了。小朱虽然已经有了孩子，不过风韵犹存，依然是一个美人胚子。虽然不敌年轻妹妹，但是自有一番女人味。看着面前小朱悲伤的眼神，他很快有了主意：面前的这个女人更需要自己的爱。于是，他和自己的同龄女友闪电分了手，和小朱在一起了。

令人欣喜的是，小朱并不是性冷淡，他们非常和谐而且性趣盎然，他们享受着男女最本能的快乐。小朱对他说："终于体会到什么是性高潮了。"他们彼此紧紧相拥，阿林更是觉得快乐，他被面前这个成熟的女人深深吸引了。

可是好景不长，现实的问题便一个接一个冒了出来。首先，阿林不敢把小朱带给自己的父母看，用阿林的话说，要是父母得知自己和一个大自己5岁而且有一个5岁孩子的女人在一起，非得气晕不可。其次，阿林和小朱在一起，已经不是简单的少男少女谈恋爱，他面对的不是一个小朱，还有小朱的整个家庭。因为小朱是独生女，和自己的父母在一起生活，而且还有一个孩子。也就是刚刚还在恋爱中的人，一下子就要面对上有老下有小的局面，那是非常现实的中年局面。再次，孩子的问题。阿林曾经尝试着接受这个孩子，可是毕竟不是自己亲生的，他的心里还是很介意。

渐渐地，两人就开始有摩擦了。例如，他和小朱出去吃饭，总是一大家子出去，他要帮着照顾小朱的父母和孩子，而且要为全家人埋单。想起自己从前和前女友潇洒的二人世界，他渐渐地对这种无聊的家人聚会厌烦了，因为他发现自己很难融入小朱的家庭中，或者说他还没准备好。他说，他真的很爱小朱，可是小朱的心里已经多了一个孩子。而且，他是和小朱的整个家庭住在一起，更有很多的不便。于是他们开始吵架了，因为最世俗最现实的问题吵架了。

阿林虽然自己做老板，但是事业刚起步，面临很多问题，未来充满了很多未知数。而小朱则觉得那是男人的事情，她说她已经过了和男人一起打拼的年龄了，没有那种精力和心态了。阿林觉得很失望。这边，前女友来联系他，诉说分手后的伤心心情，阿林觉得前女友受伤了，于是他又和前女友复合了。很快，小朱知道了，她非常生气和难过。于是阿林和小朱大吵大闹，但又疯狂地迷恋对方的身体。这样分分合合纠缠了一年多，最后终于分手了。

阿林说，虽然自己还是很想念小朱，但是那份激情已经耗尽了。曾经的波涛汹涌，在现实面前已经风平浪静了。

为什么会这样？其实阿林是一个很有男人精神，富有英雄情结的人，他乐于拯救弱小的一切，包括保护弱小的女人。有这样的心思本是好的，可是他有心无力。他选择了这样的局面，可是还没有具备处理这种局面的能力，他承担不了这样大的责任，包括承担小朱整个家庭的责任。他希望美好的局面是，我爱你，我只爱你，请不要牵扯到你的家人。他选择的偏偏是一个复杂的局面。他想做男人的事情，可是他觉得自己有时候还是一个孩子。

小朱也有很多做法欠妥。首先，她的心态没放正确。她只是抱怨，拿阿林和前夫比较，和其他的同龄成功男人比较，却不去思考自身的问题，自己徒生烦恼。其次，她没有对这段感情做出正确的努力。面对这样一个比自己小的男人，她没有好好地支持他、鼓励他、调教他，不管是他的事业还是生活，都持不闻不问的态度。

其实，小朱很矛盾，她一方面希望阿林赶紧成功，让自己过上更惬意的生活，一方面又害怕阿林成功，因为她有强烈的危机感，她担心更加成功后的阿林就不是自己的了。她陷入深深的情绪旋涡里，自己跟自己较劲，因为一点小事就和阿林吵架。那么，纵然曾经爱得再天翻地覆，也会因为这些琐事而渐渐消磨掉。

在国外，姐弟恋很普遍。不过在国内，姐弟恋比起老夫少妻的例子还是少了很多，而且很显然受到的阻碍要多很多。姐弟恋绝对是一个大问题，如果没有心理准备，那就千万别去轻易尝试。

姐弟恋，开始是缘于一个人，而结束往往是因为一群人，而归根到底还是缘于一个人。所需要的努力绝对是普通情侣的好几倍。一个选择姐弟恋的男人，应该很有魄力地说：我爱你，而且爱屋及乌！

向天下所有的姐弟恋恋人致敬！

离婚的男人是否能要

　　我有一个离婚的男性朋友，刚一离婚就有了新女友，而且这个女友还是倒追的他。看来，离婚男人一点都不减魅力，反而成了香饽饽。

　　现在的女孩都怎么想的？离婚男人怎么反而开始走俏起来？其中以离婚无小孩的男人最受欢迎。如果是带有小孩的离婚男人，则会让部分未婚女人却步，因为谁都知道后妈不好当。

　　离婚男人通常更成熟更包容。离异的男人如回锅肉，在经历了前次婚姻的滚水灼烧，再遇到新恋情和爱人时，必定会比那些没经历过婚姻的男人要成熟和包容得多。但是，现实中的回锅肉男人却并非都如此。有一种离婚男经历了前次婚姻的蹉跎，浑身散发着解放荷尔蒙，促使他们飞速投入自由的天空中翱翔。终于又可以下班不回家、脏衣服袜子到处丢、想吃什么就吃什么、想熬到几点就几点，打游戏也好泡吧也罢，天地之广阔，果真是任君潇洒唯他独行。这种男人，是绝不舍得再被一个女人束缚，也绝不会再轻易走进围城。

离婚男人省却了女人教化的时间和步骤。没有哪个男人女人不是因为忍无可忍才离婚的。那个男人的前任妻子应该对他做了大量的、不遗余力、不计后果的改造。尽管没有沧海桑田的功力，但是总应该把男人朝女人需要的方向不断改造。所以，等你接手的时候，多少可以省却一些教化的麻烦。都说女人是男人最好的学校，恋爱是九年义务教育，婚姻是四年大学教育，离婚就相当于研究生毕业。你可千万别犯傻，打算找到一张白纸手把手教他谈恋爱，还以为自己占了多大便宜似的。如今稍稍精明一点的女人，哪个还打算拿着自己的青春精力当砂轮，帮男人磨掉身上的毛刺棱角？老天做证，把一个男人训练成熟，一点都不比生个孩子再把他培养成斯坦福毕业生更容易。

有人说，淘男人如淘古董，凡是极品都要经过时间的打磨和揉搓，但经过时间打磨和揉搓的未必都是极品。酸枝木黄花梨太师椅是越老越值钱，可一把杨木小板凳 50 年之后还有什么价值啊？当然，女人的王子情结还是存在的。他结过婚，心里总还是觉得有个疙瘩。当你想到他和你走上红地毯的时候，他之前已经和另外一个女人走过了，那种兴奋度是不能匹配的。离婚男人是有很多弊病的。

千万别觉得你自己有起死回生妙手回春的本事，把一个杨木小板凳打磨成黄花梨太师椅，前一个女人搞不定的东西，后十个女人也基本搞不定。离过婚的男人，感情多半比较脆弱，对待感情更加慎重且吝于付出。让他重新相信婚姻接受婚姻则需要更多的努力。

我觉得这个男人是否结过婚其实不重要，重要的是你擦亮双眼看本质。会不会送花，能不能甜言蜜语，知不知道晚上不回来吃饭时打电话通知，那都是用来糊弄无知少女的。如果你不是无知少女，那就总得花时间看看他人品是否善良、心胸是否宽广、才能是否卓越、待人是否宽厚、生活是否富于情趣、幽默细胞是否足够，这才是关键。

没有哪个人在结婚的时候就想到离婚的。金无足赤，人无完人，人的一生是在成长中自我完善的。说离婚男人没一个好东西，恰恰相反，离过婚的伟人比比皆是，他们在一次选择失败后，勇敢地再次争取，胜利总是属于那些永不言败的人！

离过一次婚的男人是香饽饽，但是离过两次以上的男人你就得远离了。

遇到一个感情受创的男人怎么办

有一次和茜茜聊天，谈到了什么样的男人该要，什么样的男人该放弃这个话题。茜茜是做内衣生意的女子，歌唱得好舞也跳得棒，对男人的了解也比一般人多几分。

"找男朋友，尤其是找老公一定要看他的童年是怎样的，看他生命中的第一个女人对他的影响。因为一个人的童年快乐与否及童年和母亲的相处方式决定了他以后的处事方式和处世态度。而他生命中的第一个女人也直接影响他以后对爱情和女人的看法。"

的确，茜茜说得很对。一个人的童年对他的性格和态度有重大影响。如果是童年受到过虐待，没有得到母爱的人，他们大都敏感没有安全感，而且可能都比较极端，精神上容易出问题。所以，如果你的他童年很不幸，比如丧失父爱或者母爱，那么他们可能比常人更加脆弱，那么你注定会爱得比较操心和辛苦。

如果他的初恋爱得刻骨铭心、轰轰烈烈、死去活来，那么作为后来者的你，注定情路艰辛。如果初恋带给他的伤害很大，那么会直接影响他对女人和爱情的看法。比较偏激的男人，甚至从此之后不再相信爱情游戏人间；有的男人自此之后，遇到的每个女人他都会和初恋做比较。这种比较是潜意识的，可能他自己都没有意识到，却也是非常致命的。

比如，他的初恋女友曾经背叛过他，那么他可能从此之后对于爱情就很没有安全感，由于担心再次遭到背叛，对于爱情也就不会那么投入了。作为后来者的你，要得到他的真心和付出，就难上加难了。

所以，选男人的时候，一定要了解他的童年和他的初恋。知己知彼，百战百胜。多了解，这样至少有心理准备或者应对方案。

曾经，我遇到过一个为了爱有过自杀行为的男人，那是因为他纠结的初恋。虽然那个男人很有魅力，但是面对这样一个在感情上有阴影的男人，加上后来两地相隔，最后我还是选择了放弃。所以，如果碰到一个童年有阴影、感情有巨大阴影的男人，最好还是不要碰。

如果你实在没有更好的选择，那再考虑收下吧。该怎么办呢？给他安全感。受过伤害的男人最没有安全感，和受过伤的女人一样。只是他们不像女人那样到处哭泣，他们习惯把这种不安埋在心底，久而久之，就会形成一颗情绪炸弹爆发出来。

　　所以你今后做的一切都要让他相信，你爱的只有他，你的感情世界里只有他，你的异性朋友越少越好。你唯一能做的事情，就是付出再付出，爱他更爱他。把"只要功夫深，铁棒磨成针"的精神发挥出来，这样你或许能看到希望。但是或许你在磨到一半的时候就已经没有了力气。

　　每个人最初的爱情都是满满的一杯水，每有一段感情，就让这杯水溢出来一些，渐渐地，这杯水就溢得差不多了。而感情受过重伤的人，杯中的水已经所剩无几。他不再轻易付出，不再轻易相信人，不再轻易去爱一个人。

　　也许你会抱怨自己为什么不是他的初恋，可是初恋大都飘散在风中，然后，每个人都背负着沉重的感情历史，带着厚厚的面具掩埋住真心。这是无奈的现实。

　　最后花好月圆的两个人，哪个不是带着满身的伤痕？受过伤不要紧，重要的是他的愈合能力、他的情商是否有所提高。一个智商高的人容易成功，而一个情商高的人容易幸福。

遇到喜欢的人要不要倒追

"谁先动心，谁就全盘皆输。"

谁说的，大名鼎鼎的古龙大师。

我信，因为我曾经有过活生生的教训。

不过有一个女孩就不信邪。

她刚毕业，刚开始工作，薪水不错，只是很辛苦，而且每天风吹日晒的，皮肤很差。

她不是走女人味路线的，一双高跟鞋都没有，她从不穿裙子，永远是牛仔裤运动鞋。所以她不是那种妖艳女子。加上她视野开阔，对于周围的中国男人基本看不上眼，所以一直单身。

她是一个很传统的女孩，决不会去乱搞，但是基于对西方文化的热爱，她一心想要嫁一个胸口长毛的美国人。整天对她的每个朋友说她的美国男人梦。

她直率，有任何不满意都立即直接讲出来。虽然有时候觉得欠缺艺术，但是和她做朋友很放心，至少不会阴着暗算你。

不过，爱情就是这样。来的时候就像台风一样，挡也挡不住，台风过后，留下伤残无数。

有天，她告诉我，喜欢上了一个做 IT 的中国男人。

你不是一心要嫁个胸口长毛的美国人么？

她笑而不答。我亦不问。

女人就是这样，口口声声说绝对不会喜欢的人，最后却爱得死去活来。

她是个单纯可爱的女孩子，说要跟那个 IT 男人表白。

我一惊："别，你永远不要先表白，这样太傻了。谁先动心，谁就全盘皆输。"

她不信，还说："我跟他表白了，还有一半的机会，不表白可能机会为零。"

傻孩子，他如果喜欢你，为何不向你表白？

即使你有意于他，制造机会，先以朋友的身份和他聊聊看，说不定后来又不喜欢他了。

别人的爱情，最不宜干涉。作为朋友能做的仅仅是建议，听不听就看她的觉悟。

第二天，她果然去了，先吃饭，然后她就表白："我其实一直很喜欢你，我想要一个答案。"因为她和 IT 男人没见过几次面，显然这个男的被吓到了。

男人对我朋友说："其实我也很喜欢你，但我现在刚工作，我的精力可能都要放在工作上。"

男人没说"Yes"，但实际上是说"No"了。但是我朋友还不死心，说："那么考虑一下，如果你想和我交往，就下周六约我吃饭。"

女孩忐忑不安地等了一周，周六那天，IT男人没有打电话给她。她很伤心，无精打采。几天后，她在微信上问IT男人："你为什么不喜欢我？"

男人说："我很喜欢你，那是一种对于妹妹的喜欢。"我的朋友气得要死。

其实他不忍心直接跟你说No，你既已明白其意，为何还要问个所以然。男人最怕回答女人这样的问题，为何一定要这样现实地说出来。

这就是她的一次失败的表白经历。

她一直以为，爱情其实很简单，就是喜欢和不喜欢，不要阴谋和手段。其实也对。爱情还是简单些好。

但是当你想要得到爱情和保住爱情时，不花心思，你就必败无疑，除非你自己的条件太好了。

何况，是你先动心。

先动心的人，总是在喜欢的人面前谦卑和不自信。于是，处处在劣势。想要扳回大局，那就全靠心思。

她终于相信了，她开始崇拜古龙了，在她的微信签名上，写着："谁先动心，谁就全盘皆输——古龙名言。"

所以，明明动心了，也要不动声色。

即使一直动心，也要说曾经动心过。

表面看似是为了有些可笑的尊严，而事实上是为了简单地保护自己。

世界上的定律就是这样，你动心的得不到，不动心的就会给你送过来。

假装一下，让上帝也搞不清楚，最后，把那个真正让你动心的人送了过来。

撬来的好男人

我和冬梅的认识很有意思。清明节时，燕子给我打电话，说约了几个朋友去郊区吃虹鳟。互相介绍的时候，冬梅惊讶地说道："我前天在海航上还看到了你的报道，今天就见到真人了。""我想这就是缘分吧。"我说。隔天，我看见冬梅在 QQ 上的签名是："以快乐之名，寻幸福之实。"这是我的座右铭，冬梅说她很喜欢这句话，特地在飞机上抄下来的。

三个女人一台戏，女人之间的话题肯定离不开男人。我说女人有没有爱不重要，爱和目标得到一样就可以。冬梅说："错了。女人最重要的还是爱，虽然说事业做得大，在人前很风光，但是女人还是需要一个家，需要一个男人的。所以，女人要找一个合适的男人并和他在一起，这便是一辈子最重要的事情。这一点，也许你以后才会明白。"

"可是现在优秀男人太少了，而好不容易找到优秀的又不靠谱，这怎么办呀？"我说。

072

"优秀男人太少，我来告诉你原因吧。虽然说男孩的出生率比女孩要高，但男孩的死亡率也高。长大之后，男人的犯罪率也比女人要高，所以有一部分身强体壮的男人在监狱里，这就把在社会上男人的总数又降低了。同时，男人平均寿命要比女人短，再加上其中优秀的、特帅的还可能是同性恋，最后塔尖上的男人变得少之又少。"冬梅娓娓道来，我不禁点头。

"而女人习惯找比自己更强大的男人。优秀女性不断涌出，这些优秀女性也习惯想要找比她们更强大的男人，可符合她们要求的这类男人少之又少。这类少之又少的男人在金字塔尖上，俯视下面的人群，颇有一览众山小的气概，而这样的男人可选的女人太多，围绕他们的女人太多。"

冬梅分析得的确很有道理。在她看来，只要是看上的男人，一定要抢过来，三个月内搞定。搞不定就不要浪费时间，立即撤。

"可是很多优秀的男人都有主了，该怎么办？"

"别因为仁慈道德，你不抢别人就去抢，你抢过来了还得防着其他人来抢！"她这话还真提醒了我。想想看，其实很优秀的男人苗子在大学里，甚至中学就已经被"占坑"了，最后剩下的都是不怎么样的。

我以前傻乎乎地耽搁了好几年，总相信上天一定会给自己安排一个好男人。几年光景过去，发现好男人都已经结婚了。剩下的男人要么正在挣扎，要么在游戏人间。

"恋爱也是经济学，你要想想你的核心价值，核心竞争力，附加价值，想好了这些之后，最关键的是执行力！"

"可是现在很多人都等着对方先付出，谁都不往前走，怎么办？"我问。

"一定要投资，一定要付出。付出了不一定得到，但不付出就一定得不到。大家都等着别人先付出，肯定没戏！"

后来一打听，原来冬梅就是一个爱情世界里的勇敢者，勇敢付出，当然也大获全胜。她是我见过的少有的很牛的女人。说她牛是说她对待感情和婚姻的态度。二婚，第二次婚姻注册的时候还没和另一个男友分手，直接人间蒸发。最后那男友指责她，她说，谁叫你不娶我，只要谁敢娶我就敢嫁！二婚的老公人还很帅，在国家一个重要部门工作，十足的强强联合。她自己相貌平平，但是把婚姻经营得很好，把老公打理得很好。当时，我心里在想，这个女人不简单。我后来才知道，她对待感情和婚姻的态度之所以这么牛，那也是有底气的。她毕业没多久就自己做老板，然后融资把公司做大，去年亏了上千万也照样乐呵呵。

所以，要是你看准一个男人，就付出吧，就立即行动吧，此时不争取更待何时呢？精英男人本来少之又少，要不你就高唱单身情歌，要不你就加把劲。身家千万以上的女人都在花心思呢，你有什么理由等着鱼儿来上钩呢？只怕鱼儿早就被其他女人钓走了。

这个世界，男人不断地占有权力、财富和社会地位，而女人则是不断争夺这些拥有权力、财富和社会地位的男人。这样的男人就是稀缺资源。女人都想要，势必要上演一场后宫之战，或者现代版的"金枝玉孽"。这是女人不得不面对的无奈现实。

怎样识别坏男人

这是一个比较陈旧的话题，但同时也是女人们最热衷的话题。

怎样识别坏男人？我们首先要搞清楚什么是坏男人。坏男人通常是指不负责、欺骗感情的男人。年少的时候，男孩子很真诚很痴情，可是女孩子却偏偏被别的坏男人勾引过去，于是男孩子难过抽烟喝酒，也渐渐学会了情场规则，开始游戏人生，变成了坏男人，去伤害好女孩……

女人错过好男人而被坏男人勾引；女人被骗然后怨恨男人都不是好东西；好男人失败却看到坏男人左拥右抱，大骂"女人真贱"；好男人想救女人，女人却不懂得自救，一次又一次地在坏男人这个坎上跌倒；相当一部分好男人变坏，去伤害下一批女人；又有相当一部分好女人变坏，去伤害下一批男人，于是循环往复。世上男人女人的恩怨，大多源自于此。要解开这个死结，其中至关重要的一环，就是教会女人如何分辨好坏男人。通过女性论坛的调查和格羽咖啡馆群调查，现将识别方法归类如下：

一、基本筛选法则

1．除非你只是想找刺激，否则远离骗子坏男人；对坏男人的辨别方法参照二。

2．对方已婚的不能考虑。如果你对这一点有疑问，建议尽快给 IQ 充值。

3．不在同一个城市的基本不能考虑，因为成功率太低。

4．教育背景、价值观、生活习惯相差太远的不要考虑。一辈子磨合的痛苦远大于短暂新鲜感带来的激情。

5．对方条件比你差太多，仅仅是靠长期追求让你感动的那种不要考虑，因为他在未来变脸的可能性很大。很少有男人能一辈子忍受压抑的。

6．尽量避免和同事有暧昧关系。除非是水到渠成的那种。兔子不吃窝边草，是因为草吃完了，你很可能就得挪窝。

7．打算吃软饭的男人不要考虑。

8．如果你总是很兴奋地盼望和他见面，大幅加分。

9．如果他为你花了大笔钱财，大幅加分。

10．如果他为你做出了重大牺牲，大幅加分。

11．如果大家都认为你们很般配，大幅加分。

12．如果他和你的朋友、家人相处很融洽，大幅加分。

13．如果对方的主要缺点仅仅是不懂浪漫，大幅加分。

14．如果你们有很多共同兴趣爱好，大幅加分。

15．如果你们对未来有很明确的规划而且达成一致，大幅加分。

二、识别坏男人的有效手段

1．不要轻信花言巧语（一文不值，但非常具有迷惑性），应该看这个男人为你做出了什么实质性的付出（金钱、劳动、名誉、人身安全等）。

但千万注意，不要让自己显得很贪婪、自私、一味索取，因为这很可能会破坏你在好男人心目中的形象。

2．了解清楚对方的个人信息（通过看身份证、名片，看对方求职简历，打对方单位电话等方式）。但注意不要做得过于突兀，和对方好好沟通。一般骗子坏男人很忌讳别人了解他的实际情况；好男人即使刚开始不理解，沟通后也会接受的。

3．看他愿不愿意带你去见他的家人、亲友、同事。很多抱着玩玩心态的男人会找种种借口回避，以免以后摆脱你会更困难。

4．无意中问起他对你们未来的规划。当有准备的时候，坏男人常常能说得头头是道，但被猛然问起他可能就会支支吾吾，或者和以前的说法矛盾。

5．不必天天打电话烦他，在他意想不到的时候抽查几次。这样，那些打算脚踩几条船的男人就会原形毕露或者知难而退了。

6．看他对你们共享的时光及你的个人喜好记忆有多深。如果对方很多细节都记不住，说明他可能没有对你十分用心。

通过以上这些小技巧，基本可以辨别出这个男人是好男人还是坏男人了。

在公关学里，危机预防比危机公关更重要。在情感危机没发生之前而预防了避免了，对人生造成的损失较小。

男人的好与坏其实是相对的。这里说的坏先抛开社会属性的坏，比如他是杀手呀小偷呀，这些先暂且放一边不说，只说这个男人在感情层面上的好坏。评价这个男人在感情上的好坏，我觉得诚意是最关键的，也就是说他对你是否上了心。没有诚意的感情免谈，当然，除非你要的不是情而是性，那就另当别论了。

与坏男人的相处之道

渡边淳一在《男人这东西》一书中提到，那些所谓的坏男人，其实往往更懂得女人的心。

著有《那些好女孩不懂的事》和《那些坏男人教我的事》的台湾畅销书作家女王，现实生活中就是一个漂亮的女子，同她的书名一样，她的成长就是从遇到坏男人开始的。当时受《嘉人》杂志所邀采访女王，通过长途电话，女王向我娓娓道来她所遭遇的坏男人：

在一次朋友聚会上，我认识了一个很帅气的男人。他长得像晒多了加州阳光的 ABC，酷酷的，帅帅的，很阳光且玩世不恭的样子。他叫 Sam，是非常有女生缘的男人。而他，也为我特别的个性而着迷。

可是好景不长。我有他家的钥匙，有一天一打开门，我就有一种不祥的预感：我看见鞋架上有一双女生的鞋。我不敢相信，也不愿意相信。但是我禁不住轻声探头往卧室一看，却看到了我这一生永远都忘不了的一个画面：我看见 Sam 和一个女生躺在被窝里睡觉！多么俗套的电视剧画面，竟然出现在我的真实生活中。我整个大脑蒙住了，我不知道如何是好。走也不是，留也不是。我感觉全身无力。呼吸，深呼吸。冷静，再冷静。三分钟后，我径直走到床边，眼睛却一直看着窗外说："我们到客厅谈谈吧。"我努力从牙齿里挤出这句话。我不敢看那张床，我没有勇气看，那张承载着我和他温情的床，现在却躺着另外一个女人……我并没有大骂这个女生，我觉得这是我和男朋友之间的问题。女生赶紧穿好衣物跑了出去，谁都知道，一场战争就要爆发。我和 Sam 坐在沙发上，彼此都沉默。过了很久很久，他说："我们只是睡在一起，我们什么都没有做。"我一听这话就来气，也突然有了劲儿。都捉奸在床了，还在狡辩，这不是侮辱我的智商吗？我很气，开始摔东西。他走过来阻止了我说："你别这样，我们分手吧。"我更加来气："凭什么你先跟我分手，要说分手也是我先说。你想说分手就分手，那我们在一起究竟算什么？"我的眼泪再也止不住，哗啦哗啦地流了出来。

　　"对不起，我想再玩几年。"他低着头说出了这句话。我终于明白了：男人就是男人，本性难改，他怎么会轻易为一个女人改变呢？我以为我会难过很久。那天晚上很奇怪，我睡得比往常都香，一直担心的结果终于揭晓后，心里反而轻松了很多。猜测真相比知道真相更痛苦。他要玩，那就继续玩，反正再也与我无关了。分手之后，我真的是一夜长大。我变得成熟了很多，开始明白不是所有的爱都绕着我旋转。我告诉自己，像这样充满欺骗的男人，是不可以原谅的。因为他会让我变得没有自信，变得充满怀疑，变得非常没有安全感……那么，我就会过得很不开心。我干吗要一个让我不开心的男人呢？

后来，我的身边出现了很多类型的坏男人，比如特直接的肉欲动物——Ken，他喜欢到处玩一夜情，不说甜言蜜语不说天长地久，直接就问："你要玩吗？"比如隐蔽性较强的贪心族——Paul，一边有正牌女友一边在外面偷吃，既要享受家花的好，又要享受野花的香……对于这些坏男人，我已经受过其苦，已经有了免疫力，我选择和他们做异性朋友，但绝不是男女朋友。我和他们很聊得来，是哥们般的感觉，我们会告诉对方自己最真实的想法，互相做彼此爱情的军师。

如今，对于婚姻我是期待的，对于爱情我也是相信的。我走在路上常常会被牵着手的老夫妻感动。有多少人年老了，走不动了，还有人会牵着你的手陪你慢慢走？所以，我相信，牵手比做爱重要。尽管现实很残酷，尽管现实中有很多坏男人，但是我的乐观是建立在理性的基础上的，我一直相信，我能遇到那个最适合我的好男人。

在没遇到他之前，我会更专注在工作上，累了的时候，

会一个人去旅行看风景；一个人去看一场电影，一边吃爆米花一边跟着剧情流泪；又或者去买最好的食物，来犒劳自己的胃。

回想起我的人生，我感悟到：如果只遇见好男人，就不会有现在的我，就好像没入学就已经拿到毕业证。正是这些坏男人，以直接、残酷、刻薄、严厉的方式让我瞬间成长，让我开始懂得揣摩他人心理，培养自己品位，拥有很好的独立生活技能，处理感情问题更成熟。

生命中的或近或远的坏男人，教会了我很多。最关键的是，教会了我：女人无论怎样，都要爱自己。而我始终相信，坏男人只是我的过渡，而好男人会是我的终极港湾……

正如台湾作家女王所讲述的故事，张天爱也有同感："女人要学会感激任何一个伤害过自己的男人，没有他们，也没有今天更好的你。"

所以，先学着区分什么是好男人什么是坏男人。即使你遇到了坏男人也不要怕，虽然坏男人残酷，但他们好比一所学校，当女人进了这所学校，开始懂得揣摩他人心理，培养自己品位，最终不仅能学会很好的独立生活技能，个人感情上也会锻炼得刀枪不入。不要怕遇到坏男人，不经历蜕变，怎么能化茧成蝶呢？

Part C

守护爱情，恋爱需要有点心计

爱情里，
不怕你有心计就怕你没心计

经常有人说这个人有心计，你要远离她。于是，网上有一个称呼：心机婊。

其实，我觉得"心计"是一个中性词，心计就是经营，就是花心思。如果有人用心计花心思对你好，而不是伤害你，那你有什么理由拒绝呢？

如果说爱情是荷尔蒙的爆发，那么婚姻一定是要用心经营的。

有人说，花那么多心思用那么多心计得来的，一定不是真爱。

我只能说，不管是不是真爱，都是要用心经营的。婚姻就是相处，如何相处得舒服，这就是要用心的。

同时，我们都知道有七年之痒有审美疲劳，所以要为婚姻保鲜。两个人在一起太久了，这时候更要用心了，不管你是要度蜜月还是要制服诱惑，哪一项不需要花心思呢？

我有个朋友生完孩子三个月，就去舞蹈俱乐部学习肚皮舞，问她原因，她说她必须保持好的身材，必须要更性感更有女人味，如果身材走形，老公可能就会被外面年轻漂亮的女孩迷住了。经营自己的身材，也是经营自己的人生啊。

记得有次看节目，有个女艺人自曝结婚十年后，老公对自己有些忽略，她很失落。后来，她每天都收到一支玫瑰花，老公看见后开始重视她，害怕她被抢走。其实，这花是她自己故意买的，故意制造竞争对象。这招很有效，男人喜欢竞争，再差的东西只要有人抢，他也觉得好，再好的东西无人问津他也看不见价值。

当然，我也看到好多女人在婚姻中装傻，明明什么都明白什么都知道，但就是装傻，一副崇拜老公的表情。她们才是心机婊，但是男人都好爱被她们崇拜啊。

什么心计，不过是愿打愿挨。

要知道，这年头没有真正的傻子。你以为别人看不出你的心计和心思吗？其实大多数男人都看出来了，只是不拆穿罢了。因为他们很享受啊。比如男人享受女人的装傻和崇拜。

有心计和善良并不矛盾，只要你的心计不是用于伤害别人。

从武则天到杨贵妃，哪一个不是从天真小白兔变成心机女的。不是她们想这样，大都是情非得已。女人如果没有心计，是可怜的。怎么捍卫自己的爱情和婚姻？

以前，我觉得一个人天真率性很好，现在我更佩服有心计花心思的人。

为了追求一个人跨越千山万水漂洋过海，为了跟人求婚想尽各种办法制造惊喜。

从这种意义上看，心计就是诚意。

这年头，大多数人走肾不走心。追求一个人不用心，要么广撒网和很多人暧昧，要么开始追求就猴急上床，见有难度掉头就追别人。更有的人，微信摇一摇，吃个饭直接开房，上床走人后拉黑再也不见。

当你面对这样的人，就会发现那些花尽心思用尽心计为了得到你留住你的人有多可爱了。

别动不动骂人心机婊，人家至少很勤奋，别假装一脸天真，你以为天真很伟大吗，天真就是懒就是不动脑筋！

从这种意义上看，心机婊比很傻很天真的人更招人喜欢。不是吗？

亲爱的，
我就喜欢你对我有所图

　　最近听到有人说：任何有条件的爱，任何有所图谋的爱，都是不够爱，都不是真爱。仿佛爱情一旦讲了条件，就不是爱情了一样。

　　我只能笑笑。亲爱的，任何的爱，都不是无缘由的，都是有条件的。那些说着无条件的爱，感觉多高尚多浪漫似的，实则是谬谈。

　　《乱世佳人》里，郝思嘉和白瑞德的相爱也是这样。郝思嘉勇敢且有个性，而白瑞德风流倜傥有钱，正因如此，两人才会被对方深深吸引。

　　《风月俏佳人》里的男女主角一个是上流社会的富商，一个是底层社会的妓女，竟然也能相爱。妓女很可爱很单纯，而富商恰好厌倦了强势女人，同时也满足了对一个女人拯救和改变的心理。妓女刚好特别希望从良，希望走上社会上流阶层完成改变。于是，两人一拍即合。

我们经常说，有些爱是无缘由的，没法解释的。

其实，所有的爱都是有缘由的，所有的爱都是有条件的。

比如，贾宝玉见林黛玉说："这个妹妹我以前见过的。虽然没见过，但看起来眼熟，好像以前就认识了。"是的，这就是两人前世的木石之缘。贾宝玉前世就是那女娲补天时未用的石头，而林黛玉前世则是天上的绛珠仙草。那石头在天宫化为人形，经常为这绛珠仙草浇水。所以他们转世到人间，黛玉就要用一生的泪来还宝玉。

这前世的缘分，就是条件。而更多的爱，则是俗世的。比如，一见钟情，见色起意。

男人爱上这个女人，可能只因为她的长发，或者脸蛋，或者身材，或者是身上的气味，或者和前女友很像，甚至和自己的母亲很像。

我有个异性朋友，是个程序员，谈恋爱只选大胸的，平胸的从来不考虑。他跟我说，女人没胸，跟男人没有什么区别。他谈了一个女朋友，对那个女生特别好，送各种礼物，最后终于追到手了。第二天他特别后悔，因为那个女生胸太小了，他觉得自己被蒙骗了。因为女生穿了塑身胸衣，看起来很大，实则很小。最后，这个男人赶紧找各种借口闪了。

也许你会骂他肤浅，不过他就是这样啊，他就喜欢大胸妹子。人家图的就是女人的大胸。

当然，萝卜青菜各有所爱。比如有的男人就喜欢张曼玉的平胸，还专门为张曼玉写了平胸赋，觉得平胸的是纯情少女。他图的是平胸纯情范儿。看，这一见钟情，钟的不是色相吗？

所以，你的色相，就是爱的条件。换一个皮囊，换一个色相，也许，他就不会爱上你，甚至连看都不多看你一眼。

俗世的爱，从来都是论斤论两讨价还价的。

除了爱上时，就有图谋有条件，而维持爱，更是有图谋需要条件的。

不管父母选女婿，还是女人选男人，哪个不看男人的条件啊，尤其是家庭条件、经济条件。

当然，还有的爱就是赤裸裸的条件谈判。

记得有次作家六六做采访，谈到和现任男友的相处。"当时，他抽烟且抽得厉害，我就跟他说，你要和我在一起，就要戒烟，我可不想你身体有什么毛病你比我先走，届时让我老了还得再找男人，你知道的，我没有男人活不了的。"结果，男人第二天真的把所有烟都扔了。从此戒了烟，两人便在一起了。

瞧，戒烟，改掉生活中的坏习惯，就是条件。

有个姐姐在闹离婚，我劝她，孩子都这么大了，凑合着过吧。她哭着说，怎么凑合啊，他天天夜不归宿，不着家，有男人等于没男人。结果，男人还不离婚。于是她提出条件：不离婚可以，但是必须回家，不能夜不归宿。否则，必须离婚！最后，男人有所收敛，开始回家了。姐姐这才不再闹了。

我有个好友谈了异地恋，谈得很辛苦，不过居然维持了两年。她说我们有一个约定：只要我打电话，他不能不接我电话；必须第一时间接我电话，就算不方便但看到后也要第一时间回我；我们每天都要沟通各自的情况，及时汇报。小别胜新婚，两人感情还越来越好。

异地恋维持的条件就是：彼此相信对方，在乎对方，给对方安全感。

那些说什么，有条件有所图的不是真爱的人，大错而特错了。

其实，因为是真爱，才要谈条件。

因为有所图，才是真的爱。

条件，就是诚意。

图谋，就是软肋。

这就像做买卖，不怕你出价，就怕你不出价。

看惯了身边的例子，男的长得普通但很有钱，女人年轻漂亮。各自有所图，一个图色，一个图钱，钱色交易，形成对等。这种关系需求强烈，十分稳定。当然不稳定的时候，一定是价值不对等了，也就是一个没钱了，一个没色了。或者换了一个更有钱的，换了一个更漂亮的。

如果一个人对你没所图，你不要高兴，你要担心自己是不是要"下岗"了。

爱情，从来都是一个愿打一个愿挨。

我就欣赏那些人直接地说：亲爱的，我就喜欢你对我有所图。不管是我的美貌、才华，还是我的性格。

这多霸气！

搞定男人必须快、准、狠

　　某天我和邻居一起去吃云南米线。邻居在北京排名前十位的某律师事务所做律师助理，长得非常乖巧。和她聊过之后，才知道她的内心可不是普通的乖女孩，她非常有个性，非常有想法。

　　"我认识你一年多了，怎么从来没见你交过男友？"我问。

　　"我觉得有无男友不重要，我其实挺享受一个人的生活的。我没有信心和一个男人一起生活，我觉得我做不了一个好太太，别人说我是天生的绝佳情人。我觉得和一个男人一个月见一次，甚至一年见几次就已经足够，要我天天去面对一个男人，天天去和一个男人吃饭逛街我可受不了，我受不了黏糊的男人。"

　　"可是，你也不小了，也已经25岁了，也该为未来打算。"我继续说道。

　　"我知道，我知道我选择的是什么。我身边也有很多对我有意的男生，吃吃饭，聊聊天，看看电影，有一搭无一搭的，最后大家就这么散了，擦肩而过了。最后这些男生都有了女朋友，好多都已经结了婚。不过也不要紧，我还是很喜欢一个人的生活。我这个人不会去主动追求一个男生，因为我不能保证明天是否还爱他，所以我不忍心去伤害他，主动追来又抛弃我觉得太不厚道，如果是一个男生非要贴过来，那我的罪恶感就会小一些。"她淡淡地说。

其实，在这个大都市里，使劲贴上来不怕伤害飞蛾扑火的人已经越来越少。爱得撕心裂肺，爱得轰轰烈烈，爱得死去活来，爱得要私奔到天涯海角，这些越来越像是小说里的片段。

因为，我们都太理性了，我们都太吝于付出了。我们都像是在遭遇金融危机的人，人人都在持币观望，就是不敢有所作为，怕自己赔得倾家荡产。我们等着看别人出手，等着别人付出，等着别人爱得更多，等着别人主动贴上来。问题是，人人都等着别人付出，最后谁也没有等到，只得擦肩而过，换来的是有缘无分。于是归结为天不时地不利人不和，归结为爱情的时机不对。

"有一搭无一搭"，朋友们说这个词很形象地概括了都市男女的感情现状。投资学上有"鸡蛋不要放在一个篮子里"的精彩理论，这一理论也被人用在了感情上。于是，对谁都不上心，对谁都有点心思，最后可能我们都是"竹篮打水一场空"了。

女人，如果你看上了一个男人，那就要"快、准、狠"！不要犹豫快速拿下。现在的人，已经没有心力去谈拉锯战似的恋爱了。如果你再有一搭无一搭，那爱情的萌芽也会因为没有浇灌而枯萎了。

很多人说爱情是奢侈品，有是幸运，没有也可以活。所以爱情可有可无，恋人可有可无。我们有一搭无一搭的爱情，最后都要烟消云散。我们可不可以对爱勇敢一点，尽管受伤那也是真的证明自己曾经爱过，付出过，轰轰烈烈过。在爱情的最初，我们是不是应该积极一点呢？就像有人说："爱情中有一千步，只要你向前迈了一步，我愿意走九百九十九步。"

在爱情的萌芽期，请记得要往前迈一步，因为往前一步不一定是万丈深渊，也可能是柳暗花明桃花盛开！

不是美女也能赢得爱情

我记得有个作家朋友曾经说过一句惊人的话："丑女不配活在这个世界上！"很多男人也宣言要找一个美女来改进后代基因。

没有哪个故事比《简·爱》更让女人心潮澎湃了，因为女主角是一个长相平平的女人，而不是一个美女，但她获得了男人最深挚的爱。简·爱相貌寻常，却内心丰富，自尊倔强。她做家庭教师期间，暗暗爱上了男主人罗切斯特先生。没想到的是，她的内在美，竟然早就深深地吸引了对方。哪一个女人年轻时，不曾暗暗记诵那荡气回肠的宣言："你以为我穷，不好看，就没有感情？……我们的精神是同等的！就如同我跟你经过坟墓，将同样地站在上帝面前……"

再例如《我的名字叫金三顺》里那个胖嘟嘟的金三顺，《流星花园》里身材平平的杉菜，都得到了王子的垂爱。那是多少平凡女子的梦想？但那也只存在于电视剧中。为什么英雄爱美女的佳话俯拾即是，诸葛亮娶丑妻之举千百年来却只此一例？

在大多数男人的眼里，丑女是不配有爱情的——校园里懵懂无知的小男生，也懂得肆意取笑相貌稍逊的女同学为"恐龙"。你可以说男人虚荣肤浅，但面对尴尬的现实我们不得不承认，在男人眼里，原始欲望始终大于精神上的欣赏，在关系传宗接代的择偶问题上，漂亮的女子总是占便宜。

可是相貌是爹妈给的，每个人的天分不一样。的确，在这个美女经济、眼球经济盛行的年代，美女不论是谈恋爱还是找工作都会占尽上风。那么长得不好看就该自暴自弃了吗？长得不好看该怎么得到爱情呢？

都说"没有丑女人，只有懒女人"。虽然不是美女，但是你总是有办法让自己的外在和内在有所改变。

比如，懂得时尚，学会搭配技巧。这样，即使你不妩媚妖娆，也可以靠品位和个性取胜；你要懂得化妆技巧，精致的妆面可以掩盖很多长相的缺陷。比如，你可以化一个精致的眼影让眼睛更深邃，你可以接上假睫毛让眼睛更动人，你可以打上高光让鼻子更立挺，你可以涂上遮瑕霜让肤色更完美无瑕……深谙化妆技巧的日韩美少女，她们每天用在化妆上的时间不低于两个小时。有的日本女人为了在丈夫面前保持精致的一面，总是在丈夫起床之前化好妆，然后在丈夫睡去之后才卸妆。美丽，是需要付出代价的。其实，就算是美女，也是要付出代价的，美女付出的是维持美丽的代价。

当然，经济实力雄厚、勇气够大的女人，可以尝试去整形。整形是一把双刃剑，它的确会让你来一个丑女大翻身，从丑小鸭变成了白天鹅，但是高回报也存在着高风险。

这些都是在先天条件不太好的情况下的一些改进方法，长得不漂亮，那就打扮得漂亮，穿得更加有个性有气质。相信，这样也会吸引男人的眼球。

对长得不好的女人来说，好的性格就是制胜的法宝。乐观开朗的性格，银铃般的笑声会很招桃花的。美丽让男人停下，智慧让男人留下。要留住一个男人，那就真的要靠智慧和心思了。

其实，身边总会有这样的现象：长得不漂亮的人，对对方的外貌就特别看重。真正的帅哥，往往对女人的外貌并不是特别挑剔，而其貌不扬的男人，对女人的外貌更加在乎。一个高个儿的男生，对于女生的身高是没啥要求的。我们经常在大街上看到帅哥配丑女的组合，也看到高男配矮女的搭配。人的愿望都是互补的，没什么就想要什么。

所以，长得丑的女人一样会获得爱情。况且，这个丑也不是永恒的，可以依靠你后天的努力来改变的。如果你的状态变成了：比漂亮的女人聪明一点，比聪明的女人漂亮一点，再加上比这些既漂亮又聪明的女人性格好一点，那简直无敌了。

嫁给一个不那么爱的男人

人生若只如初见，何事秋风悲画扇。

等闲变却故人心，却道故人心易变。

骊山语罢清宵半，夜雨霖铃终不怨。

何如薄幸锦衣郎，比翼连枝当日愿。

"与意中人相处应当像刚刚相识的时候，是那样的甜蜜，那样的温馨，那样的深情和快乐。但你我本应当相亲相爱，却为何成了今日的相离相弃？如今轻易地变了心，你却反而说情人间就是容易变心的。我与你就像唐明皇与杨玉环那样，在长生殿起过生死不相离的誓言，却又最终作决绝之别，也不生怨。但你又怎比得上当年的唐明皇呢，他还与杨玉环有过比翼鸟、连理枝的誓愿。"这首词是纳兰性德作的，写得多么动人呀！

后来看到安意如在《人生若只如初见》里写道："我们与一个人相遇初见，也曾眉山目水相映，以为能够相随千里，却最终错手而过，慢慢地，慢慢地，不记得。"是呀，曾经，我们以为爱一个人，就要牵手到老相爱到白头，可是，终究还是擦肩而过，然后慢慢地，慢慢地，不记得。也许，会在某个清凉的夜，才会偶然记起，曾经有那么一个人，散落在记忆的长河里，那些笑语嫣然，那些执手相看，那些温柔缠绵，那些娇嗔怒骂……终究会化为云烟。

"与最爱的人相忘江湖，与次爱的人相濡以沫。"这就是世间注定的规律么？我们终究会和最深爱的人两两相忘，和不那么爱的人相濡以沫地过日子。我感叹着世事的残酷和无奈。但是，细细想来，这又何尝不是一种幸事。

我们太爱一个人，总会为他茶饭不思彻夜难眠患得患失，我们的每一个神经细胞都会被他牵引，他的笑就是我们的笑，他的悲就是我们的悲……那样的我们，怎么会洒脱自如，怎么会轻盈如风，又怎么会快乐依然？那样的他，还是相忘于江湖好，只有这样，我们才能从情海里解脱，我们才能找到属于自己的那个我。我们再也不用为一个人转而忘了对自己好。

当我们遇到一个爱对方超过爱自己的人，一起过日子，因为他很爱你，所以你会过得很舒心很坦然很自在，你会在每个清晨醒来得到他最深情的吻，你会得到很多讨你欢心的玫瑰和巧克力，你会悠哉地化着妆而楼下有个男人一直在耐心地等你，你会发发脾气吵吵闹闹而这个男人会因为爱你宠你而宽容你。所以，找这样的一个人过日子，我们才会幸福才会快乐。

爱情就是一个跷跷板。太爱一个人的时候，你就处在跷跷板的下方，因为太爱一个人，一步又一步地退让，直至到了底线都还不知道；假如对方很爱你，那么你就处在跷跷板的上方，对方就像当初你很爱一个人的时候，为你一步又一步地退让，只为讨你欢心不会失去你。

所以，在感情这场局里，要想永远占上风，所谓的技巧都是骗人的。唯有少爱甚至不爱，这样你才会永远立于不败之地，这才是万能法则。

因为你不爱，所以就算你失去，也会毫不怜惜毫不悲伤。这个人来了或者去了，你内心的城堡也会岿然不动，而当你很爱的人走了，你内心的城堡就很有可能轰然坍塌。

我们只要爱过，就足够了，没有必要每一次都让自己遍体鳞伤。终究有一天，你带着满身伤痕躺在另外一个男人的怀里，由那个爱你关心你的男人为你慢慢疗伤，然后你才慢慢地好起来，好起来。

永远只说自己谈过两次恋爱

记得有条箴言是："任何时候，任何人问你有过多少次恋爱，答案都是两次。一次是他爱我，我不爱他，一次是我爱他，他不爱我。"我觉得这句话说得特别对。其实爱情也无非是这两种。如果都不爱，那就没有交集；如果彼此相爱，那就没有后来的故事。

男人都希望自己是女人的第一个爱人，而女人只愿自己是男人的最后一个爱人。和女友交往到了一定程度以后，男人就会忍不住要追问女友的过去："你以前有过几次恋爱？你对他的感情有多深？你们发展到什么程度？你们为什么要分手？"这样那样的问题，真让人心烦。

男人为什么要追问这些呢？

究其原因，首先是出于一种嫉妒，如果自己不是第一个，岂不是有点儿捡别人不要的味道？这关系到男子汉大丈夫的尊严。

其次是基于一种强烈的个人占有欲。他不但要占有她的现在和未来，而且还想占有她的过去。一旦这占有欲受激膨胀，即便是家人、同事、朋友之间的正常来往也会遭到他的非议。

再次是因为男人都认为自己理所当然地应该知道恋人的过去，询问一下，看看她的所作所为是否循规蹈矩。就连相当大度的男人也会下意识地问个没完，唯恐有些不愉快的事情带来终生遗憾。有趣的是在这一点上，女人反而较看得开，更关心与恋人的现在和将来，所以会处处对男人宽容一些。

而有的女孩子经不起男友的追问，把过去的一切坦白出来，认为双方坦白为好。爱情的确是需要坦白的。如果彼此能在推心置腹、相互了解之后结婚，那是再理想不过的，但现实总是会与理想发生冲突。大多数男人都是自私的，他不知道还好，当他知道了你过去和某个男人的事情，甚至知道你们的一些细节，那就简直是埋了一颗定时炸弹。虽然当时他可能的确毫不介意，但谁能担保若干年后呢？这会让你时时担心它的爆发。况且，有些善意的欺骗和隐瞒，既能保护自己，也不至于伤害到你现在的爱人。

当你的男友对你说："没关系，我爱的是现在的你，对你的过去并不在乎。"其实，这完全是自欺欺人的谎言。男人永远在乎女友的过去。禀性多疑的男人可能会不断地追问下去。如果女方说出一件，他会继续要求她说出第二件、第三件。遇到这种情况，即使过去真的有些什么，你也应该轻描淡写地一言带过，不妨这样回答："但是你才是我真正爱上的第一个人！"让他觉得自己比其他男人更优秀更幸运，满足一把他的英雄主义和大男人主义。这对于某些男人来说，也许是至关重要的。

男人永远都希望自己的女人是万人迷但却只有自己能得到，别的男人都只能干瞪眼。所以，当你谈了超过两次以上的恋爱，就一定要记得说："我只谈过两次恋爱，一次是我爱他，一次是他爱我。"通常，男人谈论的恋人数目需要除以三才是实际恋人数，而女人的恋人数目需要乘以三才是实际数目。

相比男人，女人更容易接受对方曾经的情史，这是几千年的文化习惯积淀下来的。其实男人向女人追究她曾经的情事，却并不希望得到让自己伤心的答案。

这就像男人在床上问你："我厉害吗？"你一定得要毫不犹豫地点头。而当他问你过去的情史的时候，你一定要毫不犹豫地省略。当然，最好的还是这个男人成熟得不去问这个傻问题。

如何对待爱情中的谎言

　　小时候看过一个故事，讲的是一个很偏僻的地方，那里的男人都很难娶得上媳妇。终于好不容易有个小伙娶上了一个媳妇，那也是因为让亲家看起来家境不错。可是等过了新婚之夜，第二天，这个外地媳妇发现桌子少了一张，第三天，衣柜不见了……最后连凳子都不见了。女人追问男人，男人终于说出实情，说这些家具是借来的，她看到的富裕都是假象。女人望着空空的屋子，泪水涌了上来，抓住男人的胳膊问："告诉我，你也是假的吗？"

　　当时看了很替女人不值，觉得她是被骗了。可是现实生活中，谎言又何尝不是无处不在呢。我周围就上演了一幕现实版的"借来的故事"，可谓是真实的谎言。

　　我认识芳芳的时候，她正甜蜜得不行，恨不得向全世界宣告她的幸福。她在朋友圈发了和那个男人的照片，她向每个对她还有企图的男人说："我要结婚了，你别再给我打电话了。"接着，她搞了一个盛大的告别单身的派对。

双方的朋友们纷纷到场，他俩唱着付笛声和任静的《知心爱人》，让在场的朋友们羡慕不已。

然后芳芳和她的未婚夫请我们吃海鲜。未婚夫口才非常好，把芳芳哄得笑成了一朵花。他还不时描述着他们的美好未来："我们的婚礼要在一个岛上办，包上一辆直升机把双方最亲的朋友都带到岛上。然后来宾都穿着沙滩裤和比基尼。这个婚礼够有意思吧。以后我们要生四个小孩，刚好凑齐一桌打麻将。前面吊着一个，背上背一个，两边各牵着一个……"他的未婚夫兴奋地说着，我们特羡慕地听着。

芳芳是中产阶级，在北京有着体面的工作，房子两套车一辆。未婚夫和她的经济条件也相当，也是两套房子一辆车。芳芳之前交往的男友个个都是老总级别，而面前这个要结婚的男人，虽然不是老总，也是一家网络公司的销售总监。最关键的是，他对芳芳特别好，把芳芳捧在手心里疼着。芳芳心想，反正也折腾得差不多了，找个相貌、年龄和物质条件相当的结婚算了。

眼看马上就情人节了，她一向浪漫的未婚夫会给她什么礼物呢？我们都好奇极了。一打听，电话那头的芳芳哭了。"天哪，他送给我的情人节礼物太牛了，我这一辈子都忘不了。""怎么回事？""你知道吗？他是结了婚的，而且现在还没离。从开始就老公老婆地叫着，结果才发现自己做了一把'小三'。简直太讽刺了。""你怎么知道的呀？""我总觉他心里有事儿，终于那天我问他了，我从最坏的问起，你有小孩吗？他说没有。那你结婚了吗？他点了点头。那一刻，我崩溃了。我一边哭一边打他。"

接下来，这个男人忙着离婚。好在他和他的老婆已分居了两年，本就要离婚了。他的老婆答应离婚的条件就是要给她100万元。着急离婚的男人答应了。可是140平方米的大房子是双方的婚后财产，只得卖掉给钱。接着，芳芳发现，他的另一套房子其实是租来躲开老婆的。

"细想一下，他一离婚后就什么都没有了，房子没有了，钱也没有了，真是恐怖。而且一旦房子卖了之后，他原本在大房子和他老婆一起住着的父母要在他的另一套房子里住。我不仅要管他，还要管他父母。我越想越憋屈，我的命太苦了。他简直让我骑虎难下呀！我都带着他去见我的父母了，而且还是我第一次带着男人回家。因为他我断了自己的所有退路，其他的男人都掉头了。"

芳芳苦不堪言。而这个男人却说："因为我太爱你了，我担心失去你所以隐瞒了，我本想等真正离婚了，可是……也许其他是假的，但是我的爱是真的。"

这是一个真实的故事，我和芳芳一起体验着她的甜蜜和失望及挣扎。现在的她正犹豫着是否要分手。也正如芳芳所讲，如果那个男人一开始就告诉她他是结了婚的，她还容易接受一些。等渐渐地发现了这些，仿佛自己中了圈套一样被耍了一番，这种感觉糟糕透了。我相信大家都能想象芳芳当时的愤怒和难过。

王菲在《百年孤寂》里唱："悲哀是真的泪是假的，本来没因果，一百年后没有你也没有我，背影是真的人是假的，没什么执着，一百年前你不是你我不是我……"也许其他都是假的，但是我的爱是真的，怕的是最后连这份爱也是假的。

爱情中充斥着谎言，让我们分辨不出真假。所谓真做假时假亦真。我们该怎么办呢？很多女孩子问，难道在结婚之前我要动用私家侦探去调查一番吗？

我想任何一段感情都是经不起调查和推敲的，如果细究，到最后这段感情肯定会枯萎。了解一个男人的诚意和背景，长辈们给了很多意见，比如看他是否带你去见他的父母，看他是否带你进入他的朋友圈，看他是否带你了解他工作中的状态。芳芳回忆起来，发现其实这个男人没有做到，只怪自己当初太粗心了，被突如其来的爱情冲昏了头脑。

每当爱情到来的时候，我们总是看到五彩斑斓的美好，可是当肥皂泡破灭的时候，剩下的就是空洞和冰冷的真相。当初把美好未来描述得天花乱坠，现在回想起来竟有一些可笑。有的人说过了就忘记了，可是听的人却当了真，这才是真的悲哀。

爱是真的，其他都是假的。这还不是最惨的。也许这是男人为了博取女人芳心而戴的面具。这时候的女人还不至于输得很惨，没有那些物质的闪耀至少还拥有一颗男人的真心。而当包括爱在内的一切都是假的时候，女人就该崩溃了。

女人要不要开始一段感情，这个男人是否真诚是必须看重的。当然，在这个爱情的过程里，必定是伴有谎言的，当一个人不爱了就会用谎言去搪塞，当一个人太爱了就会用谎言去修饰。有爱情的地方，必定有谎言。

智慧地花男人的钱

大千世界，有一类令人瞩目的大女人，自强不息，事业有成，堪为众女子之楷模。大女人虽出类拔萃，却也白璧微瑕，尤其在爱情、婚姻方面，存在一些有待商榷之处，姑且冒昧地称之为"误区"。在与男人交往的过程中，AA制向来是她们的首选，无论婚前还是婚后。这辈子，她们通常只坦然自若地花过一个男人的钱，那个男人是父亲。男同事的钱她们碰都不会碰，出门打车、吃饭总喜欢抢着付账，让他们颜面扫地。她们倒并非诚心使人难堪，只是不想引起误会。因为有这样一个约定俗成的规则：一男一女吃饭，两人争着付账，往往只是一般朋友；男士主动付账，女士心安理得，多半是恋人；女人主动付账，男人袖手旁观，必是夫妻无疑了。

殊不知，不花男人钱的女人吃亏吃大了。中国进入父系社会的时间，大约在四千年前。说没有留下封建烙印是不客观的，再碌碌无为穷困潦倒的男人也希望能成为女人的天，哪怕仅仅是一线天。他们喜欢女人花自己的钱，倒不一定是慷慨大方，而是能力的炫耀、虚荣心的满足。否则大款养那么多外室干吗？有的几个月都不光顾一次，你能说只为情和欲？就像暴发户建一金碧辉煌的书房，再堆满一屋子从未翻阅的精装书，你能说他求知若渴？显摆而已。

例如，你去商场买衣服，看中了一件连衣裙，标价两千八，你想两千成交。有两种做法：一是你直截了当地还价至两千，售货员不同意，你立马掉头走人，希望对方回心转意，喊你回去，不料对方根本没这打算，终究错失良衣。二是你先还到两千，对方不同意，你请她多少让点，她说两千五，你不吱声，但开始一件件地试穿。各种颜色的通通试一遍，明明只穿 M 号，却把 L 号和 S 号的也翻出来试个够。假如货架上没有，就让售货员一趟趟去仓库取。中间，来了好几拨客人，因为售货员无暇顾及均纷纷撤退，她专门对付你一个人尚且分身乏术。待她精疲力竭之时，你再咬定两千。只要不亏本，对方索性就会卖给你了。

没有人愿意白白付出。既然付出了，就盼望收获一份结果，只要不太糟糕。恋人分手，投入多的一方往往更不愿意轻易放手。不是因为更爱，而是更心痛那些损失。就像买了只股票，赚钱的时候更容易抛出还是割肉之时更无怨无悔？你不花他的钱，一副倒贴白送的样子，自以为自

114

如果你真爱一个人，就要爱他原来的样子

——爱他的好，也爱他的坏；

爱他的优点，也爱他的缺点。

真诚热烈地爱，可能会让我们受伤，

但那是让我们的人生完整的唯一办法。

现实很残酷，但是我们依然要相信爱。

己在男人眼里是个好女人，其实呢，人家偷笑得快背过气去了，运气不好点再给你来个始乱终弃——没有付出过代价的东西往往不知珍惜。

在花男人钱的时候，也得看人的。别是个男人就去花人家的钱。有时候，花某个男人的钱那也是给他面子。你得有"哼，不是我喜欢的男人，送我的东西我还不要呢"的气势。当然，对有些不喜欢的男人最好还是别去占这个便宜。因为当一个男人为你付出金钱后大多数是渴望有回报的。如果你不喜欢也不打算用身体去回报，那就奉劝你别去花人家的钱了。

男人可不是傻子，凭什么人家把辛苦挣的钱给你花呀？别以为有钱的男人就得大方。况且有钱男人的钱也不是好挣的，男人心里都有一本账呢。你花了别人的钱，就意味着你得付出，付出你的爱，你的关怀，你的身体，甚至你的自由，最最简单也是最重要的是，你付出了你的青春和时间。

曾经，我也犯过同样的错，爱一个人的时候，看见什么好的东西都想给他买，比如男士护肤品呀、男士香水呀、打火机呀、衬衫呀，甚至还跑去给他充电话费，我特自豪地和一个摄影师朋友说："我不曾花他一分钱。"

哪知摄影师说："这怎么行呢？难怪你会失恋。女人一定要花男人的钱，因为他付出得越多，最后越舍不得放你走。"所以，女人们，该花男人钱的时候一定要花，留着给谁呢，说不定留着给了他下一任女友。不过，也悠着点，别到时候把男人吓跑了。

男人要决定是否离开一个女人的时候都会进行成本核算。如果对女人投入成本较大，他是绝不会轻易抛弃她的。也就是说男人对女人的财物投入越大，主动抛弃的可能性越小。这是恋爱的真理。

花男人的钱，你成为他投资的一部分的时候，他才不会随便丢弃你，就好像男人不会随便丢弃自己的财产一样。如果靠纯爱来维系，那化学反应结束，感情也就差不多了。不花他的钱，他怎会珍惜你？

学会示弱才能赢得男人

两个女人同时喜欢上了一个男人。一个女子乐观坚强，一个温柔爱哭。最后男人选择了后者。乐观的女孩子质问男人："你为什么选她而不选我？"男人思考了一会儿说："你那么坚强，即使我放弃你，你照样会过得好好的，可是她不一样，如果我放弃她，她可能会自杀，可能一辈子就这么废了。我不能这么自私。"乐观的女孩这次终于哭了："难道我的失恋就是因为我的乐观坚强？"多么可笑。

这让我想起了《东京爱情故事》里的丽香和里美，完治最后选择了柔弱的里美，放弃了坚强的丽香。不过站在男人的角度，选择里美的确是有原因的。从这点来看，坚强是失去一个男人最大的诱因，而柔弱才是赢得一个男人最大的武器。

提到"柔弱"这个词，不由自主地想起包惜弱，金庸笔下的一个小女子。常常困惑，金国王子完颜洪烈究竟爱她什么，一个有丈夫有儿子的女人。也许包氏才是男人心目中的完美女人吧，男人于内心深处，深深疼爱的还是柔情似水的温婉女子。包惜弱，包惜弱，不管是国王抑或农夫，只要是男人，包你会怜惜柔弱女子。

男人迷恋娇滴滴的小女人就像幼童迷恋芭比娃娃，所以，女人在男人面前别逞强，该哭就哭。哭得越凄惨越好，哭得越无助越好。这时，男人的英雄情结就作祟了。他会蹲下身来，为你轻轻地拭去眼角的泪。如果说微笑恰似一缕清晨的阳光，那么哭泣则是四月的阴雨绵绵。而通常留住男人的都是下雨天——下雨天，留客天。

男人钟爱弱女子最是那一低头的温柔，大女人恰恰在这方面缺根弦。缺乏柔情，不会撒娇，活得很累。什么事都要一本正经地通过正常渠道按部就班地解决，从没享受过抄近路的愉悦。好比一个老实巴交的学生不会运用计算的技巧，从1加到100就一个数一个数地去加，还没加完下课铃就响了，只能捧着个沉甸甸的"鸭蛋"回家，还一路埋怨老师出的题太复杂。有些事，本来就不是让你那么做的。好比想喝新鲜的椰子汁，只需在椰子顶端凿个小孔，插根吸管即可。如果偏要费尽九牛二虎之力将椰子大卸八块，最终汁流满地，岂非吃力不讨好？

所以，对待男人不用和他正面地去争斗，大多数男人都是吃软不吃硬的。得哄得骗，得让他的大男人思想和英雄情结有发挥之处。这样，你就轻而易举地得到了你想要的男人。

从小大人就告诉我："聪明的女人都懂得装傻。"那种处处张扬本事的女人顶多算是小聪明。这里需要补充的是"聪明的女人都懂得哭"。一个傻，一个哭，表面上一点杀伤力都没有，反而是男人最不愿意丢弃的对象。

曾经，我以为女人只要坚强就可以赢得一切，殊不知那条路走得非常辛苦。还不如坐下来对着一个心仪的男人大哭一场，这样就理所当然地找到了宽厚的肩膀。

老子说："上善若水，水善利万物而不争，此乃谦下之德也；故江海所以能为百谷王者，以其善下之，则能为百谷王。天下莫柔弱于水，而攻坚强者莫之能胜，此乃柔德；故柔之胜刚，弱之胜强坚。因其无有，故能入于无之间，由此可知不言之教、无为之益也。"

所以，温柔才是最强大的武器。以柔克刚才是女人的最佳道路。

在工作中，你可以是女汉子，像男人一样去奋斗。但是在爱情中，别忘了，你是一个女人，哪怕你内心已经很强大，也别忘了你是一个女人。

选择与男人一起奋斗还是坐享其成

　　许多女孩在刚毕业的时候总会面临这样的困惑：是和一同毕业的男友一起奋斗还是嫁给一个老男人坐享其成？

　　我把这个问题抛给了好友。其中，在金融机构工作的Kiki说："都可以。年轻人的话，他要上进有发展前景，有事业心，和我志同道合。这样他即使目前什么都没有，我也可以和他在一起。老男人的话，要爱护我，真心对我好才行。太多的老男人已经不太会动心了。对我不动心的话，我也不能和他在一起。""你有发现这二者的风险吗？和男人一起奋斗，等他成功了却被小女生撬了墙脚。"我问。她说："风险肯定有的，哪有没有风险的事情。对，而且有的男人，还可能奋斗不成功。""是呀。与其到时候被撬，还不如现在撬别人的。很多小女生这么想。"Kiki说："我倒觉得撬别人的也非上策。毕竟婚姻这个东西，不只是物质。要找那个对的人，志同道合的人。说实话，女人对婚姻对感情，不要花太多心思，要顺其自然。不要认为一定要在什么时间嫁出去，这是非常错误的。想过好的生活，就自己努力。"

某电视台主持人菲菲说："我选前者。我曾经做过同样的选择题，再选择答案还是一样。就像是喜欢自己嚼东西还是让别人嚼烂了喂一样。选择一个一起奋斗的男人风险来自于女人的高傲。其实被撬了墙脚不是别人多么高强，而是自己放不下自己的高傲。因为和男人一起奋斗，就认为男人即使成功了也应该像之前一样对待自己，忽视了男人的要求。他们要求女人对他们由平视改为仰视，而她们做不到，但别的女人做到了。所以就失去了。"

其实在我看来，女人不论做什么选择，都要明白这个选择意味着什么，心里清楚这个选择的利弊。

"糟糠"是用来形容患难与共之妻的典故，出自于《后汉书·宋弘传》。东汉朝廷官员宋弘为官清廉，不徇私情，深得光武帝的信赖。光武帝的姐姐湖阳公主寡居在家，对宋弘产生了爱慕之情，于是光武帝召宋弘进宫，与他交谈，并让湖阳公主在屏风后面倾听。光武帝笑着对宋弘说："人显贵了，就要另交朋友；发财了，就要改娶妻子。这是人之常情啊！"宋弘一听就明白了皇上的用意，他想：自己夫妻感情很好，当初父亲被奸臣迫害致死，妻子与自己一直同甘苦、共患难，怎么能中途抛弃而另觅新欢呢？于是对光武帝说："我听说，古人有'贫贱之交无相忘，糟糠之妻不下堂'的佳话啊！"光武帝听后便不再提起此事。当一个男人的糟糠妻，和他一起奋斗走过艰辛的岁月，和他一起成长，有着不可磨灭的温馨和情分，这是谁也偷不走的。这一路，一定会有很多感慨很多挫折很多成就感。

选择与男人一起奋斗的风险在于：如果有一天他功成名就，可能会被小女生撬了墙脚，觉得特不值特悲凉。男人都希望找个可以跟他一起奋斗的女孩。但男人成功之后有多少会一如既往地爱那个曾经跟他一起奋斗的女人呢。能够同患难却不一定能同享福。看看当初宝咏琴和刘銮雄的例子，糟糠之妻活活被"小三"气得发病。

找一个老男人坐享其成，的确是现在很多女孩子的想法。是的，与其陪男人奋斗成功后被更年轻的女孩撬，还不如先去撬已经成功的老男人。这样的生活的确要轻松一些，可以不用像别的女孩一样为房子为车子苦苦奋斗。

不过找个老男人的风险有很多，比如会比较容易当寡妇。这种情况就怕年龄高不成低不就，就怕等到女人四五十岁便成了寡妇，那就真的很难。老男人随着自己越老优势会越减少。当初他成熟稳重，事业有成吸引了你。过了 10 年，当初的那些一穷二白的小子开始成了社会的中流砥柱，而嫁给他们的女人也开始扬眉吐气。随着你的成长，老男人因自卑而生的自负将会变成可怕的武器。当你 30 岁的时候，老男人可能已经 50 岁了，他们开始考察哪里是风水宝地打算着自己的下辈子，你越年轻漂亮就越会刺激着他的自卑，这样你的心态也会跟着老去。当然最现实的是，女人的生理需求通常无法得到满足。性学专家郑重提示，女人 30 岁以后才会面临性欲无法满足的苦恼，而到那时老男人已经是下午的太阳。这是不争的事实。

通常，女人在做选择的时候，往往是缺啥要啥，于是拿自己有的东西去交换自己没有的东西。

其实，女人做的任何选择都没有对与错之分，只有适合不适合自己，在特殊的阶段是否做出了最适合自己的选择。

爱他不必无条件地付出一切，保留几分爱自己

有首歌是这样唱的："对你的爱越深，心就越来越心疼，留得住天涯人，留不住天涯心。"这句话用来形容张爱玲和胡兰成其实很适合。

在叶细细的《民国女子》中写道："张爱玲给胡兰成钱用，并不能扭转胡兰成疏远她的局面，反而让他们之间更加遥远。胡兰成花她的钱，用她的钱养别的女人，他给护士小周钱用，范秀美怀了孕也找张爱玲伸手要打胎费。张爱玲一次次拿出自己的钱，以为这就是爱。她为胡兰成付出越多，伤痛越大。也许在潜意识中，张爱玲依然是他心里的一个孩子，是不会照顾人的孩子，而这种事情，是需要范秀美这样的俗世女人来做的。男人在软弱的时候，在需要被宠的时候，只能把自己交给俗世中的女人，而不是那个临水照花人。"

当张爱玲遇到了胡兰成，于是她的爱就低到了尘埃里，尘埃都开出了花来。而当胡兰成一再地负她、背叛她、伤害她，终于她决定停止了，而她也如同花一般地枯萎了。如此清醒的张爱玲，也曾经为爱做过那么愚蠢的事情。不过好在她没有一味地付出下去，因为聪明的她看到了即将面临的结局。

曾经，我也想过要为一个男人放弃一座城市，想要跨越千山万水地去看他。我告诉他，跨越千山万水地去看一个人，我这一生只想做一次。可是纵然是我想要付出，对方也因害怕不能给我期望的回报而退缩了。

每个女人都有犯傻的时候，那恰恰就是她爱得浓烈的时候。如果说爱情是一种毒，那么你我身边中这种毒的女人实在不在少数。中毒比较深的一种，便是心甘情愿地做着某个男人的地下情人，为了证明自己是真爱而不是贪图他什么，不肯向他要求任何东西；另一种中毒比较深的，老公或者男友有嗜赌或者吸毒等恶习，她们便拿自己去填那个无底洞，直到被拖得再也活不下去，仍然不忍离开。

而最常见的类型，便是那种贤妻良母式的女人，当初为了成全一个男人，放弃了自己的追求，退到他的身后去做一个煮饭洗衣婆，等他功成名就嫌弃这个"黄脸婆"，在外面找了更年轻漂亮的女人时，还忍辱负重地宽容他，希求他的一点点怜悯感动。这样的女人有很多。女人爱一个男人，男人会成为她的全部；男人爱一个女人，女人只是他生命里的火花。所以，聪明的女人不轻易涉足爱情，聪明的女人也不常抱怨，聪明的女人除了爱情，还有寄托，还有友情支撑……

从年轻时候开始，我们是多么相信，为爱人无条件地付出一切，那才是真爱的含义。不过这话听起来美好，其实害处很大。何必要等到牺牲得无法挽回的时候才幡然醒悟？你和你的男人，本来是世界上两个毫不相干的人，为什么一旦用爱情把两个人联系起来，你们对彼此就有了不可推卸的责任，一方就要毫无所求地为另一方付出呢？

我们都曾经中过爱情的毒。可是我们要懂得必要的时候收手，否则到时候为他毒发身亡了他还不知道。

没有无缘无故的爱，爱都是相互的，感情需要沟通，婚姻需要经营，需要你的智慧和耐心，这些也可以说是心思和手段，我觉得做到这些才叫自爱自强。恋爱中的女人，总是想要为心爱的男人奉献自己的一切，结果越陷越深，这种无条件的付出，不仅掏空了自己，也会成为他的一个巨大负担。当这个男人开始厌倦的时候，你的付出对他就会变成一种负担和压力。到了一定程度时，他肯定就会转身逃走。

爱一个人，是不必要付出你的一切的，更无须生命。

记住，你的生命是留着去爱一个人的，不是拿来牺牲的。当然，也别什么都不付出只等着对方付出。付出太多的女人，会越来越不甘心。付出太少的女人，胜算会更小。

想要幸福别找成功男

那天在鹿港小镇和朋友小聚，饭后大家聊天。其中，正在念 MBA 的王先生发起了提问："你们觉得男人最想要的是什么？女人最想要的是什么？"聚会大约有 10 个人，女人占了三分之二，而女人的回答居然齐刷刷地一致，不管是"美满的家庭"还是"一个爱我的老公"，归结起来都是"幸福"。而男人则回答："成功。"这个话题很有意思，大家聊得非常起劲儿。

这里说到了成功，那么成功的定义是什么？比尔·盖茨将衡量成功的方式分为两种：首先看一下这个人能够给别人带来什么帮助，以及通过什么让他们的生活有所改善；另外衡量一个人是否成功的标志是，看这个人有没有创造一些全新的东西，有没有给世界带来变化。比尔·盖茨对成功的定义其实有点官方。当然，金钱是定义成功男人的一个符号，却不是唯一的。比如孙中山，他可能没什么钱，还不时流浪海外。可是你能说他不成功吗？他的"三民主义"带来了一个时代思想的革命和洗礼。所以，从社会角色来说，孙中山无疑是成功的。反过来，如果这个男人很有钱，却得不到社会的认同和尊重，那他也谈不上成功。通常这样的暴发户有钱之后，都会加入各种协会俱乐部，从而争取社会地位。

从人的双重属性来看，男人更关注社会属性的认同，而女人更关注自然属性的感受。也就是说男人渴求成就感，而女人则渴求安全感。成就感通常来自社会的认同，而女人的安全感则通常来自男人。"看待现实的成功，女人要远为淡漠得多，她甚至只需一个男人，即使没有任何成功，足可以幸福而满足地过一生。只有女人，没有成功，男人仍认为倒霉、生不逢时。因此，面临选择时，男人会断然地舍弃女人，而不放弃哪怕是很小的成功的机会。为情所困是女人的而非男人的风格。"现场有人说道。

人们都渴望幸福，可是当他们在择偶的时候却陷入了这样的定式：女人找男人，往往看重男人的社会价值；男人找女人，往往看重女人的自然属性。女人认为找到了一个成功的男人，自己就成功了，就能得到幸福。殊不知这是大错而特错的。女人的幸福与这个男人是否成功无关，通常是男人越成功女人越不幸福。

一个成功的男人，通常是不幸福的，而且他们给不了女人所想要的常规意义上的幸福。为了得到社会认同，为了扮演好社会角色，他们不得不付出普通男人三倍甚至五倍的时间在社会事业上，比如他们会有很多应酬，比如他们会出席各种商会、慈善会、开业典礼。时间对于每个人都是公平的，每天都只有 24 小时，所以成功男人很难有时间和家人吃饭。我认识的一个成功男士，每年有三分之二的时间到世界各地出差，今天在南非，明天可能就在迪拜。还好他是有责任感的男士，闯荡事业也不会让后院失火。可是，要说他的太太有多幸福，我则不敢苟同。也看过比尔·盖茨的八卦，他的别墅里有一座豪华的家庭影院，可是看电影的永远只有他的太太一个人。不管是说比尔·盖茨没有时间还是说他另有所爱，总之，那种幸福小女人的神情是很难出现在盖茨太太身上的。一个人坐在豪华的私家电影院里，更多的该是落寞吧。

从根本上了解了男人和女人最想要的东西，对比自己的渴求，自然可以做出最正确的选择。

所以，女人，如果你想要幸福，那就别再千辛万苦地套住一个成功男人了。幸福不是男人的终极梦想，所以在成功的诱惑面前，男人会牺牲幸福来换取成功，甚至会牺牲女人来换取。一个想要成功的男人和一个想要幸福的女人是万万不可生活在一起的。

女人渴望得到幸福，一个男人给她的幸福，这是大部分女性的梦想，这是小女人的梦想。而有的女人最想要的是能掌控自己的命运，成为她自己，这可谓是大女人的梦想。

其实两类女人都是可能得到幸福的，前者做着一个小女人，寄希望于一个男人带来的幸福，比较容易实现；但是把幸福寄托在这个人身上，通常没有安全感。而那种能自己掌控命运的女人，则一定是一个内心强大的女人。这样的人心中定义的幸福可能跟普通的小女人不太一样，她们的路从来都是孤独的、艰辛的，但她们因为内心强大，实力强大，所以她们很踏实，男人的来去惊动不了她们的神经。

Part D

经营婚姻，以快乐之名，寻幸福之实

婚姻是磨掉棱角的石头

那天和一个制片人聊天，谈文学创作谈影视市场谈社会情感现状，不知不觉几个小时就过去了，与高人聊天，总是受益匪浅。他作为一个婚姻围城里的人，很自然地谈到了婚姻。

"什么是婚姻？婚姻不是 $1+1=2$，而是 $0.5+0.5=1$。"他说。

"怎么理解？"我继续问。

"传统意义上总说婚姻是两个个体走到了一起，可是现在的人都很有个性，要想这段婚姻维系下去，每个个体都需要消掉一半的个性，所以是两个 0.5 才等于一段婚姻。"他娓娓道来。

他说得很有道理。的确，现在的男男女女，都崇尚个性和自由，都有想法有追求有目标，那么，两个人走在一起，必然就会有各种各样的冲突。不和就分手，闪婚的背后是闪离。于是，越是在大都市，分手概率越高，离婚率越高。

电影《爱情呼叫转移》里，因为挤牙膏没有从底部挤就吵架闹离婚的事情不是偶然。生活中，因为作息时间不一样，你白天上班，他晚上上班；因为饮食口味不一样，你吃素他吃荤……最后闹到分手甚至离婚的事例多不胜数。

《青年文摘》有这样一篇文章：一个男孩喜欢一个女孩，初次见面很紧张，女孩并无意于他，他为了缓解气氛对服务员说"麻烦在咖啡里加些盐"。这让女孩惊讶不已，也让女孩有了进一步了解他的兴趣，后来两人结婚了。很多年后，男人临终前写信给妻子："原谅我一直都欺骗了你，还记得第一次请你喝咖啡吗？当时气氛差极了，我很难受，也很紧张，不知怎么想的，竟然对服务员说拿些盐来，其实我喝咖啡不加盐的，当时既然说出来了，只好将错就错了。没想到竟然引起了你的好奇心，这一下，让我喝了半辈子加盐的咖啡。有好多次，我都想告诉你，可我怕你会生气，更怕你会因此离开我。"

相比之下，反差真大。我们可能会因为去哪家餐厅、买哪个牌子的家具而大吵大闹，却有人因为维系感情维系婚姻撒了一辈子的谎喝了一辈子加盐的咖啡。

突然想起了很多年前有人说"对立养人"。说两个截然不同的人走在一起反而感情更稳固，因为他们更容易被对方吸引。而两个看似有共同爱好的人，比如都是某个行业的设计师，却反而更容易因为设计理念不同而分道扬镳。

两个都太有棱角的人，就如同两只长满了刺的刺猬，只能相望不能相互拥抱，因为会被对方刺伤。

仍记得古老的传说：很久很久以前，世界上的人是两个脑袋四只手四条腿的，后来上天将人一分为二，于是人就开始寻觅自己的另一半。这个传说和"0.5 + 0.5 = 1"有着异曲同工之妙。"两个人，一世界。"多美的珠宝广告词！

我欣赏的成功女性张晓梅对我说："这个世界，有两类人，一类是制定规则的人，一类是服从规则的人，通常两个制定规则的人在一起是没法生活的。"你看看周围单身的人，是不是都是很有个性的人，是不是都是不愿意妥协和不愿意牺牲的人？

所以，想要婚姻的女孩子，在走上红毯的那一端的时候，就意味着你要消掉你的个性了。

通常，我们因为锋芒而吸引，因为锋芒而伤害。因为个性而开始，也因为个性而结束。如果想要维系一段感情，你是否愿意削掉一半的自己呢？也许这就是爱情的牺牲，婚姻的代价。

如果你是一个个性很强的人，而且觉得改变是很难很痛苦的事情，那我觉得你可能不适合婚姻，就算你因为世俗的眼光结了婚也可能不快乐。通常，年龄越大的还未婚的人就越难改变自己，就好像一块太过顽固的石头，很难被雕琢了。

是否要走进婚姻的围墙

那天看到这样一个标题："80后90后开始离婚潮了！"是的，我的高中同学就有好几个离婚了，而且其中有人带了一个两岁的小孩子。这是一件非常恐怖的事情。

随着女性的经济地位越来越独立，结婚的人越来越少了。

很多男人认为，在人类的一切发明中，大概没有比婚姻更加遭到人类自嘲的事了。自古以来，聪明人对这个问题发出了许多机智的议论，说了无数刻薄话。事情到了这个地步，一个结了婚的男人倘若不调侃一下婚姻的愚蠢，便不能显示其聪明，假如他竟然赞美婚姻，则简直是公开暴露他的愚蠢。

让我们来欣赏几则俏皮话，放松一下被婚姻绷紧的神经。

有位哲人说："美好的婚姻是由视而不见的妻了和充耳不闻的丈夫组成的。"如果睁开了眼睛，放开了耳朵，看清了对方的真相，知道了对方的所作所为，会怎么样呢？有一句西方谚语对此做了回答："我们因为不了解而结婚，因为了解而分离。"

什么时候结婚合适？某位智者说："年纪轻还不到时候，年纪大已过了时候。"

不要试图到婚姻中去寻找天堂，英国文学家斯威夫特会告诉你："天堂中有什么我们不知道，但没有什么我们却很清楚——恰恰没有婚姻！"

英国大诗人拜伦在《唐璜》中写道："一切悲剧皆因死亡而结束，一切喜剧皆因婚姻而告终。"尽管如此，他还是结了婚，为的是："我想有个伴儿，可以在一起打打哈欠。"按照法国剧作家尚福尔的说法："恋爱有趣如小说，婚姻无聊如历史。"或许我们可以反驳道："不对，一结婚，喜剧就开场了——小小的口角、和解、嫉妒、求饶、猜疑、解释，最后一幕则是离婚。"

有一个法国人说："夫妻两人总是按照他们中比较平庸的一人的水平生活的。"这是挖苦结婚使智者变愚，贤者变俗。

有人向诺贝尔文学奖获得者萧伯纳征求对婚姻的看法，萧伯纳回答："太太未死，谁能对此说老实话？"

林语堂说他最欣赏家庭中和摇篮旁的女人。他自己在婚姻中好像也是恪守婚德的，可是他对婚姻也不免有讥讽之词。他说："所谓美满婚姻，不过是夫妇彼此迁就和习惯的结果，就像穿一双旧鞋，穿久了便变得合脚。"无独有偶，古罗马一位先生也把婚姻比作鞋子，他离婚了，朋友责问他："你的太太不贞么？不漂亮么？不育么？"他指指自己的鞋子答道："你们谁也说不上它什么地方夹我的脚。"

世上多娇妻伴拙夫这一类不般配的婚姻，由此又引出守房不牢的风流故事，希腊神话即有以此为嘲谑对象的故事。荷马告诉我们，美神阿芙洛狄忒被许配给跛足的火神赫菲斯托斯，她心中不悦，便大搞婚外恋，有一回丈夫捉奸，当场用网把她和情夫双双抓住，请诸神参观。你看，神话的幽默真可以与现实媲美。

不论男女，凡希望性生活自由一点的，一夫一妻制的婚姻总是个束缚。辜鸿鸣主张用纳妾来补偿，遭到两个美国女子反驳："男人可以多妾，女人为什么不可以多夫？"辜鸿鸣答道："你们见过一个茶壶配四只茶杯，但世上哪有一只茶杯配四个茶壶的？"这话好像把那两个美国女子问住了。马尔克斯小说中的人物说："一个男人需要两个妻子，一个用来爱，一个用来钉扣子。"我想女人也不妨说："一个女人需要两个丈夫，一个用来爱，一个用来挣钱养家。"

一个已经步入婚姻的女同事对我说："其实别对婚姻

抱有什么幻想，婚姻其实不能给你什么，只是找了一个伴儿过日子。"不能对婚姻抱什么期许，它不是救难所。想要通过婚姻保证你的财产权益？精明的男人大可在房子车子名字上做足文章。自私的男人早就打好了自己的小算盘，就算给他一条婚姻的绳子也是圈不住的。

所以，那些有用婚姻去套住一个男人的想法的女孩子们，醒醒吧，婚姻怎么套得住一个男人呢？婚姻在女人的一生占有多重要的位置，这点对于每个女人的意义是不一样的。不过可以肯定的是，随着社会的发展，女人对于婚姻已经不是那么依赖了。至少，婚姻已经不是女人的全部了。

未来的岁月里，可能不婚、单亲、离婚、再婚这样的现象会更加普遍。其实结婚也不是那么重要。有人跟我说，女人不需要婚姻只需要爱。她说的有道理，爱才是硬道理。

婚姻只是一个套。你从"剩女"的套里跳到了婚姻的套子里，或者从这个男人的套子里跳到另外一个男人的套子里。所以，完全没必要为是否进这个套子而伤脑筋。但关键是当你想要这个套子的时候，你随时就能有。别到时候你想要的时候已经得不到了，那就有点凄凉了。

爱男人不如理解男人

"女人对男人不需要爱太多，只要了解就好；男人对女人不要了解太多，只要爱她就好！"真是一语中的。

女人生来就是需要宠爱的，所以只要爱她就好，其他之于女人都不是那么重要，而男人往往意识不到这一点，这样就会让女人伤心，伤心的极点就是绝望，绝望到了极致，感情也就到了无法挽回的地步。

在这个问题上，的确是"理解万岁"。为什么呢？

从男性的生理角度来说，男人"例假"也会受自己爱人例假周期的影响。还有一种说法称，男人"例假"还受月亮潮汐现象、天气变化影响。据国外一些研究显示，情绪节律周期大约为 28 天，它影响着人们的创造力和对事物的敏感性、理解力，以及情感、精神心理方面的一些机能。在"情绪高潮"期，人往往表现出精神焕发、谈笑风生，在"情绪低潮"期，人会情绪低落、心情烦闷、脾气暴躁。所以，男人在这段时间是需要倍加理解和关怀的。

不可否认，现在还是一个男性主导的社会。作为一个男人，他扮演着不可逃避的社会角色。而这个社会角色，必然让他承担着不可逃避的社会责任，于是社会压力就如愚公面前的三座大山，压得男人喘不过气。男孩子在很小的时候就被教育"男人要有一番伟大的事业，这样才能给女人一个家"。于是，无数的男人一毕业就开始为事业苦苦打拼。"三十而立"的男人，虽然幸运地事业有成，但是更不敢掉以轻心，因为商场如战场变化莫测。同时，"三十没立"的男人数不胜数，他们在苦苦地熬着，隐忍着，只能平凡地活着，上班、下班，为房子、车子而努力打拼着……等再过十年，家里人口老龄化，男人的责任除了照顾好自己的小家，还要赡养老父老母，如果对方是独生女，还要兼养岳父岳母。人生的轮回里，这样的责任男人得一辈子背着。这时候，女人天天嚷着要浪漫要玫瑰要爱情，显然太不实际，唯有理解他做他最忠实的倾听者。

再次，男人比女人更爱伪装。英国心理学家乔治·温伯格认为，男人从孩童时起便被教育要坚强，不能流泪，要保护女人，甚至不能留恋街角糖果店里花花绿绿的糖果。于是，他们不得不从少年时便按照社会的要求来伪装自己。同时，"男儿有泪不轻弹"，一边是强大的压力，一边是情绪得不到宣泄，于是导致男性早逝。

所以，对待男人，理解他比爱他更重要。可惜很多女人不了解这一点。要么无理取闹不去理解男人，要么不爱自己只爱男人。女人天生具有奉献精神，所以遇到了自己喜欢的男人总是忍不住对他好，用尽自己的全部来爱这个男人，于是对这个男人越陷越深拔也拔不出来。可是，对男人来说，爱不是他生活的全部，至少对于大多数男人来说是这样。男人需要的不是女人全部的爱，他们看中的是自己的空间，所以他只需要女人理解他就好，能够给他足够的空间。要么做他忠实的倾听者，要么给他一个房间让他独自舔伤口。

女人一定要知道，男人不总是大男人，很多时候，他们更是个胆小怕事的大男孩。所以，理解他吧，理解他的懦弱、他的失败。而把更多的爱，留给我们自己，当然在理解男人的时候，男人自然会更爱你。

对于男人来说，理解他，包容他，胜过于你去爱他。爱他，是多么吃力不讨好的事情，你太爱他，他会觉得这是负担这是压力这是包袱，会担心自己的自由被抢夺了，空间被占有了。这时候，他可能就跑掉了。

遭遇婚外情怎么办

据《中国新闻周刊》的一份调查（分别有 9021 人参与了男人卷的调查、5002 人参与了女人卷的调查）显示：

"你是否相信存在永恒的爱情？"男女中的多数人都选择了"否"。

"你认为是否能做到忠于婚姻？"多数男性选择——"否"；多数女性选择——"是"。

"面对诱惑，你的心理状态是……"更多的女性选择——"这有悖社会的道德观"；更多的男性选择——"有那么多人都这样，我也可以"。

"如果发生婚外情，你会怎样选择？"更多的男性选择——"我可以在家庭和情人间维持平衡"；更多的女性选择——"退出，保护家庭"。

曾经有一则新闻，一位女白领因丈夫婚外情从 24 楼的家中纵身跃下……这位自杀的女子叫姜岩，31 岁。姜岩自杀的前两个月，开始写"死亡博客"记录心路历程。

博客被网友发现并在"天涯"发帖披露。据姜岩博客透露，她与比她小3岁的丈夫恋爱5年，结婚2年。因为丈夫与公司一位23岁的同事展开婚外情，并要与她离婚，姜岩萌生了自杀念头。她也曾想过放弃自杀的念头，希望丈夫回头是岸。跟丈夫谈判破裂后，她曾服药自杀被救，但40多个小时之后，姜岩从24层跳楼身亡。

在现在这个社会，一个男人有婚外情其实不是新闻。作为太太，最好不知道。作为男人，要偷吃就得记得抹嘴，最好让太太一辈子都不知道。据说，现在作为一个太太，都得要学会怎么跟"小三"斗。无奈，姜岩选择了以死来解脱的结局。

他有婚外情，最好是你别知道，眼不见心不烦。有时候当一个瞎子和聋子的确比较容易更快乐。可是很不幸，当你知道了婚外情的事实后，骗自己也骗不了的时候，相信就是你自虐的开始了。

可是，错的是他，你为什么要自虐呢？你为什么要跟自己过不去？摆在面前有两条路，要么忍，要么就分。如果你依赖他，情感上的依赖那是爱，物质上的依赖那是靠他养，那么就得"忍"，谁让你处于下风呢。"忍"字头上一把刀。就算你忍，也要忍得有价值，让他明白出轨要付出代价。

如果你实在是过不了自己这一关，心里已经有了阴影，

146

每次和他亲热的时候都会想到他和另一个女人偷情的画面，那么你还是放手吧。那的确是一种巨大的折磨。

当知道男人婚外情后，大吵大闹不是上策，你哭闹只会把他赶到"小三"那里，那反而正中了"小三"下怀，她可巴不得你吵闹呢，吵得越凶越好，闹得越僵越好，然后她过来坐收渔翁之利。所以这时候，你就要拿出"正室"的大气。

据说有个画家风流倜傥，身边的女人不少，可就是不换老婆。有一天，有一个女人不满了，跑去和画家的老婆宣战："你看我比你年轻又漂亮，该是我替代你的时候了。"画家的老婆轻描淡写地说了一句："我知道他的女人有很多，而且可以随时替代，可是你看有男人会找人替代他妈吗？情人可以很多，但是老妈只有一个。"听了这话，年轻女人灰溜溜地走了。

婚外情其实比"婚外性"更严重。婚外情是有情在里头，这就比较难办。婚外性，那只是男人的一种生理发泄。任何事情如果牵扯了情感，那就变得相当麻烦了。所以要坐稳太太的位置，"斗小三"那就是毕生的学习课题。

永远别指望与他共患难，
就能共富贵

　　福耀玻璃创始人曹德旺曾经谈过自己的感情，曹德旺的结发妻子陈凤英是个普通的女人，没读过书，一直为丈夫持家教子。年轻的时候，陈凤英和他共患难，陪他走过人生最低谷的时光，甚至把嫁妆卖掉为他借钱来支持他创业。

　　"我们刚一结婚，我就把她的嫁妆全部卖掉了。她一句怨言也没有，她认为嫁给你了，你就说了算。我们三十几年的婚姻生活，她一直是这样的，再苦再难也不会抱怨。她有1/4的马来血统，非常纯朴。新婚，嫁妆卖光，钱全给我拿去做本钱，她在家里伺候我生病的母亲，我在外面跑生意，一年到头两个人在一起的时间很少，谈不上浪漫，贫贱夫妻百事哀，有些事情经历了才知道里面的甘苦，所以说我们是患难夫妻。

"我卖掉她的嫁妆之后就有了一点钱，这些钱就是我做生意最初的本钱。然后我就开始种白木耳，再拿到江西去卖，来回一趟可以赚七八百元钱。这样跑来跑去，没有想到，才跑到第四趟，货就被人家扣了，不但本钱赔了进去，还欠了村里人一千多元，这要是别的女人又会怎样哭闹？"

后来，曹德旺爱上另一个女人，是真的很爱。当时曹德旺很痛苦，不知道该如何选择，一面是为自己默默付出的结发妻子，一面是有共同话题的红颜知己。最后，经过艰难抉择，他选择了结发妻子。

后来，曹德旺的妻子与他共富贵了。曹德旺成了著名的玻璃大王。曹德旺把所有财产都登记在她的名下，控股公司也是妻子在当董事长。"都是她的，不是我的，人家说这个公司是曹德旺的，但实际上从法律关系上说是我太太的。"

多么令人感叹，默默付出的女人终于没被岁月辜负，没被男人辜负，终于在共同经历患难后，迎来了富贵繁华。

而陈凤英，值得拥有这一切。

同样让人感叹的是梁家辉，梁家辉名利双收贵为影帝，身边的妻子江嘉年已经发福变了模样，而他却当成宝一样不离不弃。

很多人羡慕江嘉年，殊不知，她完全值得这份珍惜。任何珍惜背后都有默默的付出和持久的深情。

1983 年梁家辉出道不久，事业受创没戏拍，沦落夜市卖皮件。江嘉年在香港电台任制作人，主动致电邀他录制广播剧。

1987 年结婚，他要娶她，但穷到身上仅有约 3 万元台币，他花 3000 元台币买戒指去公证，两人在饭店大吃一顿、住一晚套房，用光所有钱。

1993 年，他带江嘉年赴越南拍《情人》。他遭黑道强押到菲律宾拍另一部片，独留她被软禁，她冷静说服黑道放人，两人在香港机场重聚放声大哭。

梁家辉曾满含深情地说："岁月流逝，男人也许能在时光的磨砺中越来越有味道，而女人的容貌，却在操持家务的油烟味中变老了。"

"我太太年轻时是个漂亮的女孩，现在她在我心目中越来越美了，有时我会在她睡着的时候偷偷看她两眼，心里有种温存的东西在流淌：这是给我梁家辉家庭的女人啊！没有她，就没有我的两个小天使，就没有我今天的一切……她是我的爱人，也是我的恩人。"

显然，江嘉年值得拥有这一切。

是的，陈凤英和江嘉年都值得拥有这一切，只是，不是每个陪男人共患难的女人，都能迎来共富贵。确切地说，

150

陈凤英和江嘉年是幸运的，但也是绝对的少数派。

来看看"真功夫"的例子，潘敏峰与蔡达标的婚姻维持了 15 年。其间，夫妻两人与妻弟潘宇海联手创业，苦心经营东莞一家路边蒸品餐厅，最终成就了国内最大的中式餐饮连锁机构"真功夫"。2006 年 9 月，夫妻婚变。随后，一切接踵而来：夫妻反目，兄弟成仇，对簿公堂，进而演变为蔡达标与潘敏峰两个家族间旷日持久的"战争"。潘敏峰曾经流泪说道："我宁愿从未这么有钱过。"

看卓文君和王宝钏都曾经为了爱情与家人决裂，陪着一无所有的男人受苦受累，最后司马相如在朝廷做官，而薛平贵成了大将军，她们都面对过男人的变心。卓文君写了非常美的一首《白头吟》：

皑如山上雪，皎若云间月。

闻君有两意，故来相决绝。

今日斗酒会，明旦沟水头。

躞蹀御沟上，沟水东西流。

凄凄复凄凄，嫁娶不须啼。

愿得一心人，白头不相离。

竹竿何袅袅，鱼尾何簁簁！

男儿重意气，何用钱刀为！

经过曲折之后，卓文君保全了自己的感情和婚姻。

中国的传统，女人通常都是在男人背后默默付出的。一个成功男人背后必定有一个默默付出的女人。

我们都希望男人功成名就后与他的结发妻子共享富贵白头偕老，因为我们都希望"愿深情不被辜负，愿付出都有回报"。然而很多时候，这都是我们的一厢情愿，或者是我们的美好愿望。

从道德上来讲，那些共患难的人，是应该用共富贵去补偿的。或者说，这叫作公平。或者说，这叫感恩。

如果一个男人抛弃妻子另结新欢，必定会被骂是陈世美。可是，感情毕竟不是交易，也没有公平可言。所以，那些在感情上追求公平追求等价回报的人，注定会失望。

你和他共患难，你就要求共富贵，实际上，就是在要求等价回报。这其实是道德绑架。

也许从前，男人会因为面子、因为孩子选择"红旗不倒，彩旗飘飘"。而现在，不爱就不爱了，分开就分开。尤其是离婚变得很容易的今天。当然，离婚对有钱人来说，从来都是成本和代价。一部分男人也许不是因为要和你共富贵，而是因为一想到离婚的高昂成本，想到财产利益被分割会心疼，所以望而却步了。当然，有的男人，用道德是无法绑架的，也许用利益绑架更为有效。

如果感情另有归属，但是能给予前妻和孩子很好的安排，彼此还是亲人，这就是好男人了。如果转移财产，对前妻孩子不管不顾，这样的男人就是垃圾。事物是发展的，人是变化的。时过境迁，很多人已经不是当年的人，想法自然不一样了。因为经济实力的变化，年龄的变化，需求也不一样了。所以，从这个角度来看，你和他共患难就要共富贵，这是妄念。

朋友说："什么在低谷中不离不弃，他未来就会对你好，谁不是到了一个阶段就换一个人。有几个陪他共患难，最后共富贵的？"

是啊，如果你能与他从共患难到共富贵，就是上天的宠爱了。

而事实上，你必须明白：你与他共患难了，未必能与他共富贵。

也就是说，与他共富贵是惊喜，不能共富贵也是正常。其他的，都是你的贪念，是你的妄念罢了。

离婚后也可以拥有更好的人生

　　这是一个有关离婚女人的真实故事。

　　在广西南宁，一个五十多岁的女人，离婚多年，还有个上中学的儿子。相信很多人都认为，五十多岁的女人早已经过了婚嫁的阶段，重心应该落在孩子身上，像别的女人一样盼着儿子长大成才，跟着自己的孩子过完下半生。

　　可是人生总是出乎意料。或者说，没有做不到，只有想不到。这个女人不想就这么走完自己剩下的人生，她抱着尝试一下的心态，交了五千元给中介（国际婚介公司），找到了一个英国男人。这个男人七十多，比女人大十多岁，典型的老牌绅士，而且是真的钻石男人，因为他是开钻石矿的。这个世界可是有很多女人为了一颗钻石而疯狂呢。有的女人为其失去了自由，有的女人失去了生命。可见，钻石对于女人的意义有多大！

　　钻石老男人一直有一个东方情结。他希望在余下的岁月里实现这个梦想。当中介给双方牵线之后，双方看到对方的照片都比较满意。钻石男人很快办了签证飞到了南宁。远隔万里的一对男女终于见面了。双方的感觉都不错，虽然这个女人一句英文都不会，但钻石男人仍然承诺要娶她，并承诺把她带到国外，然后把她的儿子也带出去。

五十多岁的女人当然不会存在着小女孩的浪漫幻想，她想的是更加实际的问题。她想要有一个伴，最好这个伴有一定的经济能力。当然最关键的是她希望儿子去英国学习生活。嫁给这个钻石男，恰恰是一箭双雕。

于是，女人开始去报班拼命地学英语，有了这么大的动力，很快就可以简单地交流。

即便开始她不会英文的时候，他们仍然能够交流。女人给钻石男人写中文信，然后找了一个翻译，每天负责将中文翻译成英文，再把钻石男人的英文信翻译成中文。

看看，只要有诚意，只要有心，即使语言不通，照样可以谈情说爱照样热火朝天，女人天天催着翻译查邮件，看钻石男人回信了没有，颇像恋爱中小女生的急迫心情。所以，谁说离婚的女人就不能再次拥有幸福呢？

如果两个人在一起不开心了，互相消耗，互相折磨，那么离婚何尝不是解脱？没有必要担心世人的流言。辛晓琪在《领悟》里唱道："多么痛的领悟，你曾是我的全部。"歌里唱的就是辛晓琪的写照，离婚对于大多数女人来说通常是痛苦和绝望的。那么离婚的女人该怎么办呢？我们不妨学学妮可·基德曼。

妮可·基德曼与汤姆·克鲁斯离婚后，仍然十分优雅，不仅没有人比黄花瘦，气质与容貌依然光彩照人，事业反而蒸蒸日上，越活越有魅力。离婚后，妮可·基德曼自嘲地表示："我终于可以找一个比自己高的男人了。"她从容地穿起了高跟鞋。之前为了不使比她稍矮的丈夫难堪，结婚后她一直没有穿过高跟鞋。妮可曾对英国脱口秀主持人迈克尔·帕金森说："离婚就是离婚，再大的困难也必须去面对。你必须振作起来，继续前行，这正是我现在做的。"

妮可·基德曼虽然失去了婚姻却有事业做补偿。一部《红磨坊》（Moulin rouge）成了她彻底独立并走向成熟的标志。夸张的勾引、放荡的挑逗，纵情的歌唱、热辣的舞蹈，刻骨的激情、伤心的眼泪……她出色的表演、变化的造型、精彩的才艺绝对震惊四座。她赢了，失去了一个男人又怎么样，她赢得了全世界。妮可·基德曼在经历了历练之后越来越有味道了。

勇敢的女人总会有出路。离了婚，照样可以幸福。如果将就凑合着一段不美满的婚姻，我想这个女人才会真的郁郁而终。

每一个女人失去婚姻的时候，都会觉得天要塌下来了，不过最后大多数人还是挺了过来，可谓柳暗花明又一村。

人生总是潜藏着许多受伤的危险，被横刀夺爱也罢，被人瞧不起也罢，与其号啕大哭，不如静下心来数数自己手中还有几个筹码，有的人很多，美丽、聪明，比如妮可·基德曼，有些人则很少，但生命常常就是一次出乎意料的赌博，上帝是公平的，他让每个人都可以微笑。

Part E

永远相信爱情，永远心存希望

懂得"性福"的女人才幸福

当性成为一种武器，其威力巨大，完全不亚于枪炮。日本有个"贵妇俱乐部"，这是个专门培养女人以性来征服男人的俱乐部。她们的口号是："假如你第一眼没有爱上我，一夜之后，你必为我疯狂，必唯我是爱。"这样的宣言，简直就是寂寞少妇的梦想。如果说《艺伎回忆录》里的艺伎小百合是日本上流社会的大众情人，那么贵妇俱乐部的贵妇则是其国会议员的情妇或者富商的专有情人。在日本，太太们早上送丈夫去上班，做完家务之后，经常会觉得很孤独寂寞。

奈美就是这千千万万的日本妇女中的一个。奈美出生于日本皇室，却极反叛，年轻时她与一俊美的武林高手爱得要死要活，还生下了私生女。可是十年后，她要求离婚，她老公跪下来求她都无济于事。奈美的第二次婚姻是嫁给国会议员佐藤，她是真心爱他的。他俩总是甜甜蜜蜜，恩爱无比地出入各种上流阶层的场合。然后在一个十分偶然的情况下，奈美发现丈夫有一个关系长达十多年的情妇，她雇了私家侦探，把他们每一次幽会的场面拍了下来。影像里的女人是那么温柔、缠绵、放荡。她看出他们是深爱彼此的。她第一次领略到了女人可以这么春色无边。

她一如既往，对丈夫仍然关怀备至，私底下，她悄悄地向"贵妇俱乐部"递交了1000万日元的入会费，推开了那扇位于世田谷区一幢庭院深深的豪宅的门……

女作家贝拉的《远岸的女色》一书中提到："贵妇俱乐部"最初位于银座四丁目一幢公寓里的一个套房里，后来搬到了一桩独立的世田谷区大豪宅里，四周十分阴森，树木苍翠。门口设有密码，贵妇们悄然进出。它是日本上流社会的私人女子会所，鲜为人知，绝不是以营利为目的的。最早是一群贵妇聚在一起，找一些年轻男士来喝喝酒，给她们做做按摩，夫人们三三两两交流一些夫妻、家庭和女人间的话题。1986年才由一位亿万富翁的妻子创建成女人会所——当她丈夫有外遇之后，她开始注意自己身材、内涵方面的修炼，同时明白中年男人对于性爱的要求，于是她几乎读遍了全世界关于性爱的书籍，比如印度的《爱经》，研究怎样的女人才会让男人着迷，并且经人介绍，认识了一位印度的神显婆，从她那儿得到性爱真谛。效果很明显，于是她的丈夫发现了她的巨大变化，惊喜之余，再也不去见外面的女人。而在此时，她离开了她的丈夫，

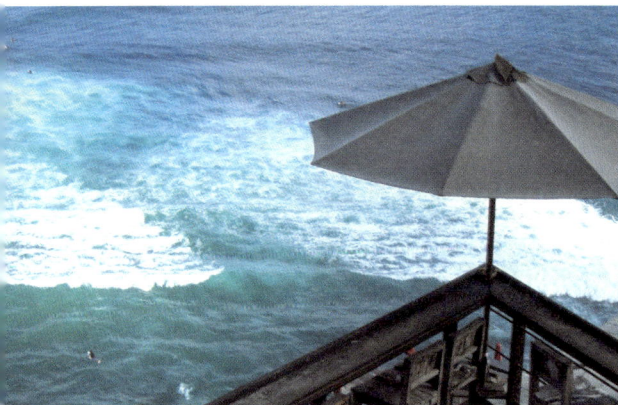

创立了"贵妇俱乐部"，目的就是拯救那些被丈夫冷落的中年女子。

"贵妇俱乐部"的贵妇们个个身怀绝技，每一个从"贵妇俱乐部"出来的女人都足以让她们的男人销魂蚀骨。抱着赢回丈夫就赢回一切的信念，她们从世田谷区一幢庭院深深的豪宅走出来，开始了带着一丝报复心理的征服男人的旅途。

奈美女士在"贵妇俱乐部"历练三年，其间的辛苦和寂寞只有她自己品尝，最后却放弃了自己夺回来的一切。她想做回自己，她原本要的是找回自己的尊严与女人的价值，至于男人的心，男人的爱，于今时今日的她，都只是飘在半空中的风筝，线的一端握在自己的手中，拉近，放远，由着自己的性子罢了。知"性"的女人，的确会更加有风情！

漂亮的女人不一定能留住男人的心。对于男人来说，光看是不顶用的。毕竟男人还是用下半身思考的动物。"贵妇俱乐部"，这座位于世田谷区的豪宅，里面出来的个个都是自信的女人。这或许不该受贬，因为男人社会迷恋的永远都是风情万种的女子！

据说，在这个俱乐部里要学的都是性爱技巧。包括每个体位都详细地讲解。只要是学习了这些，就会让男人觉得兴奋无比，让他的每个感官（触觉、嗅觉、听觉、视觉、味觉）都完全苏醒，欢快连连。他们会觉得其他的女人根本就是白开水。这个时候，一切的主动权都在女人手中，到时候要他走他都不会走了，因为他已经完全地依赖上你了。

虽然"贵妇俱乐部"的例子有点极端，但是这也显示了性在两性中的重要作用。从这个意义上来说，性的确是女人的一个武器。女孩们，别天天看那些不食人间烟火的韩剧，好好地探索身体的秘密才是正事。这可是主宰你"性"福的大事，而幸福的女人则一定是"性"福的。

胸怀有多大，舞台就有多大

2016 年年初，张雨绮凭电影《美人鱼》里的腹黑女总裁的精彩表现，人气再度攀升，成为人们谈论的焦点。所有人都惊呼：张雨绮身材太好了，胸太大了，太性感了。

事实上，张雨绮何止是胸大，胸怀更大。

19 岁时，张雨绮凭借出演周星驰电影《长江七号》中女教师一角而一夜成名。成为"星女郎"之后，她的片约、广告代言不断，身价猛涨。后来却因为合约问题跟星辉公司闹翻反目，之后并无往来。

2010 年张雨绮接下王全安导演的《白鹿原》中田小娥一角，这个角色让她成功获柏林电影节最佳女演员提名，而她也嫁给了比自己大 20 岁的导演王全安。后来，大家都知道的戏码，王全安嫖娼被抓，张雨绮与王全安离婚。

2014 年，香港影视大亨向华强太太陈岚因不满一篇跟周星驰有关的网络文章而炮轰周星驰五宗罪，更扯出刘德华曾说和周星驰"以前、现在、将来"都不会是朋友。

张雨绮在出席纽约时装周时，被媒体问到周星驰被指为人性格古怪，曾与对方有合约纠纷的她却出言维护："他人超好，很照顾我，他是工作认真的导演，也是专业演员。有性格的人，是天才。可能有很多人对他有误解，又导又演会遇到很多问题，所以无所谓。"

不得不为张雨绮的情商点赞，不得不为张雨绮的胸怀点赞。在万人踩周星驰的时候，她选择了力挺。也许，别人可以踩周星驰，但她不可以，毕竟周星驰是她的伯乐，是她的贵人。可以特别直白地说，没有周星驰，就没有张雨绮的今天。她在这时候力挺周星驰，正说明了她感恩且不忘本。

她经历了结婚和离婚，也拍过了不少戏，她成熟了，看问题的角度不再一根筋了。她站在更高更远的角度，以一种感恩的心态力挺周星驰。而且那句"有性格的人，是天才"说得很客观，并没有回避周星驰的古怪性格，但重点是后面的那三个字"是天才"。如果周星驰听到这样的话，心中绝对会产生一股暖流。毕竟，大家对天才都是持理解和包容的心态的，会容忍其性格缺点和缺陷。

后来，周星驰在为《美人鱼》选角时，觉得此角色非张雨绮莫属而对其发出了邀请。两人一笑泯恩仇，于是便有了《美人鱼》的这次合作。张雨绮成了该片的最大亮点之一。如果张雨绮仍然纠结于过去和周星驰的恩怨是非，与周星驰老死不相往来，那么，她也许就没有这次机会，没有这次事业再攀新峰的机会。

我有一个朋友叫星星，和男友谈婚论嫁的时候，遭遇男友劈腿，她很伤心很难过，于是，两人分手。

最开始，星星很恨这个男人，因为他的劈腿导致她成了大龄"剩女"。于是，她决定把前男友拉入黑名单，和他老死不相往来。

可是这时候，前任男友对她说了一番话：我只是感情上不忠诚，可是我对你不论生活还是事业都是有情有义雪中送炭，不管怎样，这几年，你都是我最用心的那一个。我们为什么要成为陌生人？我们为什么要成为仇人？你知道，现在了解一个人需要多少时间和精力吗？我们已经认识三年了，我们知根知底，对对方的人品都十分肯定。我们还可以做朋友，我们还可以帮助对方。

星星想想也是，他的确在生活上给了她无微不至的关怀，对她的父母都非常好，在事业上给了她最大的支持。的确，除了感情不忠诚之外，哪里都好。于是，她没有拉黑前男友。

果然，事实证明，这个前男友在她后来的生活中发挥了重要作用。

有一次，星星创业中现金流出了问题，发工资都成问题，这时候，前男友二话不说给她转了 10 万块钱。没有借条，只是信任。当然，星星也给予了回报。前男友需要在星星的公司走一下账，转了两百万到星星的公司账户上，星星二话没说当天就把这笔款项还给了前男友。前男友说，这笔钱如果放在其他人的账户上不放心怕不认账，但是放到星星的公司账户上，他放心，因为两人对彼此的人品足够肯定和信任。

后来，星星和前男友彼此互为事业贵人。星星为前男友介绍项目，还真的做成了两笔，前男友大赚了一笔，星星也拿到了很可观的中介费。前男友为星星的创业公司充当免费的顾问，这让星星也少走了不少弯路。

他们决定做一辈子的朋友。

星星发现，原来，前任是可以成为好朋友的。两个人的关系，何必执着于男女的小情小爱，更可以是朋友之间的信任与支持。

如果当初她和前男友翻脸，如果只是盯着前男友的缺点而忽略他的优点，如果她总是以受害人的角色自居，那就不会有现在他的支持和助力。

这让我想起了徐克和施南生这对黄金搭档。

徐克和施南生和平分手，两人还是事业上的好伙伴。做不成夫妻，还可以做朋友，做合作伙伴。为什么要上演互相对骂的怨偶戏码呢？

徐克称施南生是"最好的女人"，施南生受之无愧。无论工作还是生活，徐克与施南生都是圈中公认的最佳拍档。徐克不擅交际、理财，商业运作能力非常出众的施南生自然成了他的"管家婆"，以让他专心创作。生活中，施南生喜欢叫徐克"老爷"，即便和"老爷"离了婚，她还是在徐克的数部新片中担任监制，邀请明星、洽谈投资，甚至连服装、布景也一一过问，为影片忙前忙后的她，认真而执着。

两人离婚后，相互没有说过对方一句坏话，也从来没有面对媒体透露过分手的原因。很多圈中人曾认为徐克一旦失去施南生日子便会很不好过，对此，徐克用数部票房、口碑双丰收的大片做回应。而最了解"老爷"为人的施南生曾经淡然回应："我不觉得，只要时间一过，没有了任何人也还是一样。"

"没有永远的朋友，没有永远的敌人，只有永远的利益。"

这句话不但适用于外交，也适用于人际交往。这样没什么不好的。没有什么值得耿耿于怀的，除非有血海深仇。我们不要被自己的恩怨束缚，被自己的情绪束缚。事实上，与别人过不去，与自己过不去，对自己都是有害无益的。

古语说，宰相肚里能撑船。作为男人，心胸宽广，胸怀大度，这是必需的。作为女人，其实也需要心胸宽广，胸怀大度。胸怀大度的女人，意味着她可以少一些敌人，多一些合作伙伴和朋友。从这个角度来看，她的舞台自然会大很多。

"我能一掷决生死，又能一笑泯恩仇。"这就是大气的女人，这就是大度的女人，这就是"大胸"的女人。这样的女人，因为有东风可借，因为无情感包袱，注定会走得更高更远。

的确，胸怀有多大，舞台就有多大。

不要把高贵的生命
浪费在低贱的欲望上

"色女郎"是我认识的第一个女画家，那时候她还只是一个想要当画家的人。

我们认识的时候，我的小说还没出，而那时，她还在一个小杂志社做美编。她最大的梦想就是可以不受限制地随心所欲地画画，不用考虑昂贵的油画颜料。

两年后，她做到了。她开了一个画展，而且终于成了一个职业画家。她终于可以肆意地画画了。每天晒完太阳，就是画画，然后就买菜做饭。她建了一个群，叫作"益生菌是最好的药"。

她是目标非常明确的摩羯座女子。她清楚地知道自己爱画画，于是和一个经营画廊的老男人在一起。虽然这个男人没什么钱。

曾经，她是非常渴望成功渴望成名的人。当然，这个世界，谁不希望名贯天下呢？于是她开始出现在一个访谈节目里讲述她的故事。

如果没有后来的了解，我会认为她是一个以男人为跳板跳来跳去追逐名利的女人。其实这样的女人也无可厚非，因为任何一场相遇离开都带着需求与满足，满足着市场规律。可是后来，我对她的认识改变了。那是源于她的老男友患病了，而且还不是普通的病，是癌症！幸好还不是晚期。当时我想，也许她会离开他吧。

可是，令我吃惊的是，她并没有离开这个比她大20岁的老男人。她毅然地跟随着这个老男人离开了北京，去了大连的海边接受自然疗法。她和老男人都拒绝大医院里的治疗方法，一是因为药太贵医院太黑，二是因为他们不相信医院的水平。于是，她和老男友一起开始翻遍各种书寻求治疗的方法。

"癌症怎么得的？就是因为恶劣的环境和糟糕的饮食。"她很快变成了一个资深的健康专家，劝着周围的朋友少吃油炸的食物，多晒太阳。她说，她现在每天就吃煮好的土豆，其他的菜全是清汤白水。"晒太阳可好了，可以杀死很多细菌。我不跟你说了，我要去陪他晒太阳了。"在大连海边的时候，她总是说到一半就出去晒太阳了。

"所谓自然疗法，就是喝益生菌活化剂，吃素，而且我们打算后半生都吃。养生，不是养老，自从生下来就要养生，不养生就活不到老，也更谈不上养老。"她每时每刻都宣扬着健康知识。

终于，疗养三个月后，他们回到了北京。"他的精神变好，腰痛不严重了，身体里的毒少了，微生态环境变好，一切都往好的方向发展。生态破坏严重是科学无法缓解的，必须从每个人做起，来共同努力，使人体的每个细胞健康，所以吃什么就决定了微观身体内在的健康程度。外在污染排第二。"她开心地说，俨然是一个健康宣传大使。

昨天，她发了几张照片给我，说她设计了一个沙发，躺上去可舒服了。我打开照片，虽然是非常简单的沙发，但是我能想象得到她晒太阳时的惬意。

她说："我可没成就，我所追求的就是晒太阳喝白水的最简单的生活，我不想劳累自己，换取虚无的欲望，生命的高贵不能浪费在低贱的欲望上，叮以简单生活却能自由地支配自己，不被别人追赶驾驭。"

她说，到了 30 岁人生就少了一半了，生活应该是流动的，平缓却有变化，不论是好的还是坏的，如果缺少变化，那么就失去了体会，而感觉没有了过程。

她天天都在思考人生，享受生活。她一面变成了一个哲学家，一面变成了一个生活享乐主义者。这对于天天在电脑旁忙到眼睛布满红血丝的我们来说，有很大启发。

曾经，我问过她交过多少个男朋友？她说："30 个吧。

能记得清的。"可见，她绝对是情史丰富的女人。而我最近问她："那你除了这个老男人之外，还有别的男人吗？"她说："没有。"一向坦诚的她，我想是不会说谎的。

一切都会平息的，包括欲望。

"生活本来就是这样，活着追逐的其实是生命本身，而不是加上一个修饰生命的词汇内容……"我很认可她的话，只是，我们有多少人能做到呢？

我们的一生不外乎六个字："拿得起，放得下。"前半生是"拿得起"，而后半生则是"放得下"，我们前半生不断地追求想要的东西满足欲望，而后半生则是放下烦琐回归自己。

我们的忙碌及烦恼，皆因为我们的欲望太多。你是不是把高贵的生命浪费在低贱的欲望上了呢？返璞归真，简单生活，才是大境界呀！

在适当的时候华丽转身，
做坚强的女子

　　我的一个朋友，在一家公司做助理。她进公司的时候22岁，大学刚毕业，花样年华，青春逼人。她很快成了老板的女朋友。那段日子里，她曾经为他堕过几次胎，并照料着这个男人的生活起居，扮演着十足的妻子角色。可是16年过去了，这个男人迟迟没有给她妻子的名分。她依然是他的女朋友，而且这个女朋友的角色也只是公司的人知道。在外面，她永远都是以一个助理的身份出现在这个男人身边。

　　她以为日久生情，浪子也有回头的一天。她坚信精诚所至，金石为开。她相信她一定会等到她梦寐以求的东西。那个时候，他也已经不年轻了，她认为他一定会跟她结婚的。在她38岁的脸上爬上了细纹的那一刻，她深爱的男人终于结婚了，可是，新娘不是她，而是一个刚刚大学毕业的漂亮女子。新郎45岁，新娘22岁。婚礼很隆重很盛大，可是在某个黑暗的角落，这个绝望的女人放声哭泣……

16年，这是一个什么样的概念？女人的一生，有多少个16年？傻女人呀，把最好的青春付给了这样一个丝毫不领情的男人，却还在妄想这个男人给她爱和承诺。我知道后非常愤愤不平。38岁的她该怎么办？她还能嫁为人妻吗？

那么在一段感情里，女人究竟该何时转身呢？有很多傻女人一味地付出以后渐渐老去，而那个男人却被更年轻的女孩抢走，数年的心血付诸东流，只剩下伊人独自舔伤口。

我觉得重点在于要确定好自己的底线。只有确定了底线，你才能在感情接近溃败的时候，拿出自己的勇气和决心，才不会被男人小看，才会让爱你的人知道，你也有自己的要求，这样，或许还能有一线生机。如果你让一个人知道，你会对他无条件投降，无原则地退让，你觉得他会懂得客气和尊重吗？不过只是助长一份轻蔑和冷酷罢了。给自己一个期限，比如3年，抑或5年，他再没有诚意，再对你差，那么你就转身吧。

"华丽转身"这个词我一直觉得很美，想象一下那个转身的画面很美。分手是一门艺术，转身是一种智慧。记得有女人说：永远不要在一个男人低谷的时候离开他，否则他会记恨你一辈子；你可以在他巅峰时刻离开他，那时候你会走得很潇洒很坦然，而且所有人都会对你竖大拇指佩服你的魄力。同样是分手，同样是转身，可见时机很重要。错的时机就会被骂作势利，而对的时机则被称为有魄力。

他不珍惜你，就让他去后悔，让他没资格拥有你的爱。他一再地挑战你的底线，说明他已经不在乎你，明明知道这会让你不开心还这样做，那么你也不必忍下去，不必等下去，该转身了。

记住，头也不回地潇洒转身，留给他一个美丽的剪影。很多年后等他回忆起来，让他后悔去吧！

一个软弱的女人，走到哪里都不会幸福的。这里说到的软弱的女人，就是指没有底线一再后退投降的女人。终于有一天，你会退到自己的悬崖边上。如果不能坚强起来，继续让那些柔弱、善感的情绪淹没你，那么，换一个男人，再换一个男人都差不多，你都得不到尊重和重视。

如果有一天，你学会了享受自给自足的平和与宁静，懂得用双手去创造快乐，而不是因为一个男人的喜而喜，悲而悲，那时候你才能真正摆脱男人的桎梏。每个女人，都应该学会如何转身，在适当的时候。

女人的一生也需要两朵玫瑰

　　Lucy 是 80 后，皮肤很好，是让人感觉很端庄很舒服的女人，是我见过的最年轻的主编。Lucy 有一个很爱她的某名校毕业的老公，俩人是圈中著名的恩爱夫妻。而 Lucy 那圆圆的脸上，也能看到属于幸福女人特有的微笑和甜蜜。哪知道，有天下午，她跟我说："我现在其实在努力戒掉一段感情。"

　　原来……

　　Lucy 刚毕业的时候，就去一家杂志社实习，那时的她懵懂天真，总是没心没肺傻乎乎的样子。在工作中，她认识了一个比她大十多岁的男人，一个像家长像长辈像哥哥的男人。这个男人的事业做得很大。

　　那时候，Lucy 刚从学校毕业，在工作上有满脑子的冲劲和干劲，但对于处理人际关系还是不太熟练。于是这个男人总是非常耐心地在幕后给她指点，教她怎么处理人情世故，教她怎么保护自己。他总说："你这傻乎乎的样子，怎么能让我放心？"

刚出校门的 Lucy 总是一身中性打扮。老男人跟她说：
"女孩子就要像女孩子的样子。别像那些女强人，忘记了
她们最初的角色——女人！"有天，Lucy 听了他的建议，
终于穿了一条裙子，他看见了眼睛一亮地说："今天太阳
从西边升起啦，嗯，女孩子就该这样，要有女人味。"

那时候，Lucy 还只是一个月薪 3000 元的职场新人，
而人家是身家上亿的大老板，况且相差十多岁的年龄摆在
那里，Lucy 和男人虽然互有好感，但也许是因为大家都
属于被动且传统的人，也许是大家都没有意识到这份情感，
于是双方就都搁浅在心里。Lucy 想，也许他对自己就是
强者对于弱者的一种自然的点拨和帮助。因为男人总说，
Lucy 很像他，有他当年的那股劲儿，不张扬但特有韧劲，
但是太直接太缺乏心眼，不给指点怎么能放心？

于是，下意识里，男人总把他身边最优秀的女性朋友
介绍给 Lucy，这些女性朋友大多是各行业的精英。要知道，
这对于一些想要成功的人来说，是多么宝贵的人脉和资源。
而且男人总是对她讲："以后你就会成为她们中的一员，
甚至你会比她们更优秀！"于是，Lucy 在这个男人的指
点和帮助下很快成长了起来。

5 年末，Lucy 成功地从一个实习生成为执行主编，完
成了最迅速最完美的事业三级跳。只是在这五年中，她眼

睁睁地看着他结婚生子，他眼睁睁地看着她成了别人的新娘。不变的是，男人依然每周都会按时按点地给 Lucy 打电话，依然会对她的工作进行指点。而 Lucy 在得到喜讯或者遭遇困难的时候，第一个会想要跟他汇报。

不知不觉，这个习惯已经坚持了五年。而这份情感就如同种子一样，开始发芽长大，想要掩饰已经非常困难。于是，Lucy 和男人都非常痛苦。有一天，Lucy 坚持不住了，说："你以后别给我打电话了！"她把这个情况和一个好友讲了，"他也许就是想泡女人吧？"她这么对好友说。好友说："你这个大傻瓜，世界上哪有这样的泡法，像他那样有实力的男人，随便去一个地方都能找来更年轻更漂亮的女人，哪还用给一个女人坚持不懈地每周打电话，而且一打就是五年，甚至连手都没有真正牵过，更别说接吻上床了。"Lucy 一下子明白了。这是 Lucy 第一次意识到这份情感的威慑力，她想要"戒"了。

尽管这样，这份感情却越来越浓。Lucy 尝试着有了好消息不再向他汇报，尝试着融入一些年轻帅哥的圈子转移注意力，可是她心中的这份情感依然无法取代。Lucy 意识到再这样下去，自己心里会很痛苦。

她报了 GMAT，工作之余加班加点地学英语。她想要飞去美国学 MBA，一方面这是她的梦想，一方面是终于可以离开男人的视线了。因为，她很清楚，只要她在国内，她都活在男人的关怀和注视的目光里。去了美国学MBA，三年后的她，会有什么变化还不知道，但是她很清楚，自己在异国他乡会有更多的事情要忙碌，时间和空间的距离，应该会使自己忘记他。

她很清楚，学成归来后，她的舞台会更大，她极有可能成为资产上亿的公司CEO。"可是舞台再大，如果没有他的注视，又有什么意思？"她有点伤感地说……我知道，此刻的Lucy正在看单词看案例，累了的时候有老公的叮咛，心中会停顿下来想想那个男人。一面享受着一份坚定的温馨的情感，一面承受着一场不能掩饰的暗涌。

虽然痛苦，但那也是一种幸福的痛苦。这世界上，有多少女人能有此际遇呢？有几个女人能遇到一个每周给你打电话，一打就是五年的男人？一个如此强大的每时每刻都在你身后默默地注视着你，在你犯错的时候像个长辈一样教育你，在你遇到挫折的时候像一个哥哥一样疼爱你的男人？

张爱玲说：一个男人的生命里有两个女人，一个是白玫瑰，一个是红玫瑰。娶了红玫瑰，久而久之，红的变成了墙上的一抹蚊子血，白的还是床前明月光；娶了白玫瑰，白的便是衣服上的一粒饭黏子，红的却是心口的一颗朱砂痣。是不是每个女人的生命中也该有白玫瑰和红玫瑰呢？一个是相濡以沫的老公，一个是惺惺相惜的知己。

的确，男人的一生不仅要有白玫瑰，还得要有红玫瑰，相间地去点缀他的生命。同样，女人的一生也需要红玫瑰和白玫瑰，可以简单地说是老公和蓝颜知己。这个蓝颜知己，没有世俗的肉体亲密接触，但是你所做的一切都有那么一双深情的眼睛注视着，有的是彼此欣赏的眼神和思想碰撞的火花。如果说和相濡以沫的老公相处是一种习惯，那么和惺惺相惜的知己相处则是一种心灵的默契。

　　正因为后者没有世俗的油盐酱醋，没有实质的占有与被占有，才能如此牵引神经。但这样的关系，有一个很大的禁忌：就是千万不要使知己沦为恋人，否则之前所有的美好都会被打破。这就好像三角形，缺失了一条边的支撑，就会面临坍塌的危险。

女人的三个梦想

我在自己的小说《一辈子做女人——索斯比女人成长记》里写道："一个女人一生完整的幸福：一份自己的事业，一个美好的家庭，一个能够完成自己梦想的子女。"这无疑是世上所有女人的梦想。事业，爱情，子女，能拥有这三样，便是一个完美女人了。

当这个观点一推出，就遭到了部分读者的质疑，对"一个能完成自己梦想的子女"表示质疑，她们认为：为什么要让子女完成自己的梦想，这样是不是太强加自己的意愿给子女了？读者的质疑是有一些道理，仿佛是在谴责这个女人是否太强势管得太多了。

不过，我描述的是一种状态，或者可以说是一种完美的状态，而这种状态存在的概率微乎其微，尽管微乎其微，但还是世上众多女性的梦想。

我周围有很多白领及金领都说，现在社会压力太大，养自己都很累，更别说再养一个孩子了。所以丁克家庭越来越多。不过也有朋友告诉我，这种想法会随着女人年龄的变化而改变的，比如女人在 30 岁之前渴望自由洒脱的生活，可是一到了 35 岁之后，就开始紧张着要小孩了，因为再不抓住机会要小孩，以后可能想生也生不了了，于是抓住青春尾巴生小孩的人便多了起来。

我还有一个在欧洲工作的女性朋友，她深受欧洲文化熏陶，婚姻对于她来说不重要，但是过了 30 岁之后，她开始想要孩子了。如今，她开始寻觅着一个男人生一个孩子，男人可以走，但是孩子得留下。这样的女性会越来越多。看过很多成功女性的采访，记者不约而同都会问同样一个问题："你如何平衡事业和家庭？"是的，事业和家庭这座天平让很多女人不能负荷，更别说还要扮演好一个母亲的角色了。

一个女人，通过事业来证明自己的社会价值，通过男人来证明自己的性别价值。所以我们都要找一份好工作，找一个好老公。等到有一天我们功成名就了，拥有了稳定光鲜的工作，找到了一个可以托付终身的男人，于是我们开始梦想着有那么一个孩子，这个孩子最好聪明、省心，而且能完成自己的梦想。你看看"小甜甜"（布莱尼·斯皮尔斯），早早成名，然后结婚生子闹离婚，爆肥以致人气降到冰点，恢复了人气之后就开始向法官争取孩子的抚养权。工作、男人，剩下的就是孩子，这是女人的主题曲，就算叛逆的"小甜甜"也不例外。

通常，一个女人的幸福，往往被三个男人影响，一个是她的父亲，童年时候父亲给她的疼爱直接影响着她的世界观、人生观的形成；一个是他的老公，这个男人给他的爱情直接影响着这个女人的幸福；一个是她的儿子，这个男人给她的关爱直接影响着她下半生的幸福。

如果说父亲是不能选择的宿命，那么老公就需要女人们擦亮眼睛去寻觅。年轻的女孩子，总是把所有精力都放在了选择男人身上，殊不知，这才仅仅是开始。当你找到了一个好老公之后，还得去好好养一个小孩。因为这个小孩会直接影响到你下半辈子的幸福。因为，大多数的家庭还是选择要小孩的。

试想有一天，你和他白发苍苍相依相伴，或者你的他先你而去，那么你活在这个世上，牵引你情绪让你操心的人，就是你的孩子。如果有一个听话孝顺杰出，并且能完成你梦想的子女，那才是一个女人最大的幸福。毕竟那时候，你已经走到了人生的黄昏，没有了折腾的本钱，这个子女就是上天安排给你的际遇，好的那就是礼物，不好的那就是债务。

好的爱情是成就更好的自己

　　看过一个故事：一位老太太说好的爱情是琉璃。有人问，为什么会是琉璃？那么美丽的东西怎么会是爱情？甚至不染尘埃？老太太说："我们开始的想法和你是一样的，爱情那么复杂，怎么会是这么纯粹的东西呢？可是随着年龄的增长，我们越来越觉得，爱情就应该是这么纯粹的东西，不夹杂任何的条件和功利。"

　　有人问，难道你们的一生都这样相爱吗？甚至没有吵过架？他们笑着摇了摇头。然后先生说："怎么会呢？年轻的时候经常吵架，她总抱怨我不如别的男人，或者说我不够爱她，最厉害的时候我们差点就去离婚了。后来，我们慢慢地适应了对方，过了这么多年。婚姻都是这样，要经过一定的磨合过程，到最后达到你中有我我中有你的地步才是婚姻中的上品。在这个过程中，如果能把那些婚姻中的天敌抛弃，比如猜忌，比如嫉妒，比如虚荣……那么爱情一定会简单到只是爱情。"说完他深情地看了老伴一眼。

老太太接着说："这时，再看你们的爱情，一定好似琉璃了，因为干净到不染尘埃，只是单纯地相爱，尘世中的物欲和利欲在你们面前几乎没有作用。所以，到你老了以后，如果还能和自己的爱人在一起，如果想给爱情一个比喻，那只能是琉璃。"

很早以前就有人说："一场好的恋情可以让你透过这个男人得到这个世界；而一场坏的恋情，则让你因为这个男人失去这个世界。"好的爱情，能够让本来没有理想、没有大志的你，变得有理想和大志，本来偏激的你变得包容，本来骄傲的你变得谦逊，本来自私的你变得肯为人着想，本来没有安全感的你变得不再害怕，坏的爱情与这一切全然相反，你唯一可见的将来就是爱情。

没有爱的女人，是暴躁的，是刻薄的，是不宽容的，当然看谁都不会顺眼，看谁都来劲，自然就变成泼妇了；还有一种情况就是不被关心疼爱的女人，天天像个皇宫里的妃子一样等待临幸，因为无爱所以变得毫无生机毫无希望，以泪洗面。所以，如果你遭遇过这种情况，那么就请你撤吧，撤到原点，撤到安全地点。

的确，好的爱情是琉璃，是"你中有我我中有你"的纯粹，你们拥有一个共同的世界；而坏的爱情是你为了这个男人放弃了这个世界或者你的世界只剩下了他，但结果可能是他的世界到最后都没有你的空间，你输得彻彻底底。

爱你的人，他总想为你做任何事情，而不爱你的人，总想你围着他一个人转。因为爱你，所以他甘心而快乐地为你做任何事情；如果不够爱你，偏偏你还很爱他，那么你可能天天为情所困，把所有精力投入到他身上。于是，你的世界变小了。

我不主张女人为了爱就失去了自己的世界。我评价一段恋情的好坏，是看它是让自己的世界变大还是变小。这个其实与功利无关。现在的女人，已经越来越少去做一个男人的附属品了，她必须有一个自己的世界。最好她爱的男人能够支持她，助她一臂之力，甚至帮助她实现人生的梦想。不过，这对女人来说，可遇不可求。

幸福是有大女人的独立和
小女人的情怀

　　"想要幸福就别找成功男"这个观点赞同的人很多，反对的声音也不少。赞同的人兴奋地说："太有道理了！"反对的说是酸葡萄理论。其实任何一个观点都没有绝对的对错，只有有无道理之分。

　　其中有人提出质疑：女人真的想要的并非是幸福，而是自己掌控的命运。原话是："问题是这天下有几个男人是不想要成功的，试想找个完全不成功的男人，突然有一天他为了某个出头的机会舍弃了女人，这个女人岂不是比嫁个成功的男人更惨？个人感觉，女人幸不幸福，归根结底还是要靠自己，问问自己有没有让自己幸福的能力和条件，别人施舍的东西根本就不会长久，更不会有安定的感觉，其实女人最想要的东西不是幸福这么简单，女人最最想要的是能够最大限度地掌控自己的命运。"

这让我想起了一个故事：有一位青年，想要收购一座森林，但是森林的主人不肯收钱，只给青年一个问题，答对了就把整座森林都给他，答不对就要他的命。这个问题就是：女人最想要什么？

青年开始四处寻访，追问女人最想要的东西。有人说是美貌，有人说是安全感，有人说是财富，也有人说是爱情……但是青年都不满意。青年不得其解，终有一天，他遇到一个丑女。丑女对他说，我可以告诉你答案，但是你要娶我为妻。青年看她丑得出奇，料她一定不会知道答案，便任由她一试。丑女说，女人最想要的是凡事都依她。于是，青年终于得到了森林，森林主人气得大骂说：一定是我那该死的妹妹把秘密泄露了！

青年被迫娶丑女为妻后，新婚之夜，妻子要求丈夫一吻，青年无奈应允，然而在一吻之后，丑女摇身一变，变成了一位美若天仙的女子！可问题是，一日之间，她只可以有一半的时间是美人，另一半时间仍是丑女。青年只能选择妻子在日间美丽，或者夜间销魂。青年没有做出选择，因为他太贪心。

女人最想要的是凡事都依她。她们最希望实现自己的愿望，成为她自己。

在我看来，女人渴望得到幸福，一个男人给她的幸福，这是大部分女性的梦想，这是小女人的梦想。而另一些女人最想要的是能掌控自己的命运，成为她自己，这可谓是大女人的梦想。

女人想要的究竟是幸福，还是自己掌控自己的命运？我觉得这其实是一个话题。因为女人掌控自己的命运后会更能得到幸福。再强势的女人最后还是需要一个男人的爱和关怀的，那就是我们眼中的"幸福"。

一个能掌控自己命运的强势女人，从来都是经历丰富且坎坷的，一路走来，遗憾和错过在所难免。不过，她们学会了如何驾驭男人从而得到幸福。

现在，一个女人控制自己的命运，最根本的体现就是经济独立。男人对于经济独立的女人是既爱又恨的。爱的是一个经济能力好的女人可以减轻男人的负担，恨的是一个女人一旦经济独立就会不那么依赖男人，也就不会听从男人的摆布和控制。

爱情是让人生完整的唯一办法

法国电影《玫瑰人生》中有一段对话让我印象深刻，当记者采访女主角时问道："你希望给女人一些什么建议？"

"爱。"

"少女呢？"

"爱。"

"儿童呢？"

"爱。"

"你害怕死亡么？"

"我更怕寂寞。"

看完电影《玫瑰人生》后，法国香颂皇后——艾迪丝·皮雅芙（Edith Piaf）的身影和歌声一直在我的脑海中挥之不去。她是法国人的玫瑰，也是她心爱的男人的玫瑰。只有爱，才能让她双眼闪烁着迷人的光彩。观众的欢呼与掌声、马塞尔的爱让她拥有了玫瑰一样的光彩，迷人、诱人。当她沉浸在爱中时，像孩子一般奔跑着去给她的恋人取咖啡。可是当她得知恋人飞机失事后，她的人生从此就像玫瑰一般地凋零了。她在舞台上唱着《没有爱，我们什么也不是》（sans amour, on n'est rien）。尽管听的人如痴如醉，可对于失去爱的皮雅芙来说此时的她仿佛行尸走肉一般，她一遍又一遍地用歌声缅怀自己失去的恋人，幸好，她还有音乐。终于有一天，当她不能用唱歌这种方式纪念爱的时候，她的生命真的终结了。尽管她一生颠沛流离，失去爱比拥有爱的时候多很多，但她仍然告诉天下女人：爱是女人唯一的信仰。不管是儿童，少女还是女人。

在话剧《琥珀》里有这么一句台词："所有的爱情都是悲哀的，尽管悲哀但依然是我们知道的最美好的事。"这颇有一些悲观主义中的乐观心态。记得曾经有人跟我讲过："爱情是一场死局。"我问为什么。她说："世界上所有的爱情都是会消逝的，就像夕阳一样消逝。""可是这段感情消逝了，可以迎接新的感情啊。"我说。"那不一样，不只是对手换了而已。你的青春你的时间也所剩无几了。你说这是不是一场死局呢？"

有多少人还相信爱情？得到的答案不尽相同。最为理智的回答是："我相信爱情本身，却不相信恋人。比起恋人，我更迷恋爱情的滋味。"

当越来越多的人在情场上受伤后，便开始恐惧感情，逃避感情，甚至玩弄感情。当诱惑无处不在，道德变得可笑，财富与物质才是王道的时候，越来越多的人开始加入"爱情大玩家"的行列。是的，现实对于女人来说很残酷，有几个人能做到像波伏娃、希拉里那样？而她们也曾经面临伤心和背叛，不同的是她们走过来了，所以她们笑到了最后。

尽管受伤被骗，我们仍然得相信爱情，那是我们生存下去的一个理由，也是一个最美的梦想。无法想象一个不再相信爱情的女人会怎样，那一定是怨世的、焦躁的、愤怒的、敌对的。林忆莲在歌中唱道："女人若没有爱，多可悲，就算是有人听我的歌会流泪，我还是期望有人来追。"这算是道出了天下女人的心声。

别做温水里的青蛙，因为一次两次碰壁就失去了蹦跳的勇气。不断地跳，不断地争取，总有一天，你会得到你想要的天地，你会找到你要的人。

是的，没有爱，我们什么也不是。与其做万人崇拜的偶像，不如做他的唯一。女人的一生，一定要有一次铭心刻骨的恋情，哪怕你伤得很重很痛，哪怕你们最后没有在一起。那也不枉来世上一遭。这也许就是身为女人与男人最不同的一点。电影《泰坦尼克号》里，满头白发的 Rose 坐在摇椅上回忆 Jack 的时候，我想她是幸福的。

她的爱，在她的心里，永存。

安慰一个受伤的人最好的方法是把自己的伤疤揭开给她看，告诉她自己更痛，她的伤疤根本不算什么；而要治疗爱的创伤唯有加倍地去爱，没有爱，我们什么都不是，没有爱，女人就如同没有了灵魂。

真诚热烈地爱，可能会让我们受伤，但那是让我们的人生完整的唯一办法。现实很残酷，但是我们依然要相信爱。

于无常人生中，爱无常

"无常粉碎了我们对安全感、确定性的幻想，本以为牢不可破的观念思想会改变，本以为会相伴终身的人不是生离就是死别，健康的身体会突然被疾病打垮，一帆风顺的事业会转眼间破产。由于我们想抓住想依靠的东西本质上是抓靠不住的，所以才会痛苦。"这是希阿荣博堪布在《次第花开》里说的话。

他说，无常不是人生的某个过渡时期，它是整个人生。

虽然这个观点有些让人觉得寒冷，但是它道出了生命的本质和真相。

自古，才子们抒发的大都是对"无常"的感叹。

比如，崔护的诗："去年今日此门中，人面桃花相映红。人面不知何处去，桃花依旧笑春风。"

比如，李清照的诗："风住尘香花已尽，日晚倦梳头。物是人非事事休，欲语泪先流。闻说双溪春尚好，也拟泛轻舟。只恐双溪舴艋舟，载不动许多愁。"

比如，李煜的诗："春花秋月何时了，往事知多少。小楼昨夜又东风，故国不堪回首月明中。雕栏玉砌应犹在，只是朱颜改。问君能有几多愁，恰似一江春水向东流。"

比如，王维的诗："渭城朝雨浥轻尘，客舍青青柳色新。劝君更尽一杯酒，西出阳关无故人。"

所有的一切，莫不是叹无常。江山，美人，爱情，友情，都无常。可谓"花无百日红""天下没有不散的宴席"。

那么，这些感叹对于在红尘中的痴男怨女有什么启发呢？

安全感和确定性，相对于女人来说更为重要。通俗地讲，女人热爱"永远""地老天荒""地久天长""海枯石烂"这样的词汇，喜欢男人说"爱你一万年"这样的甜言蜜语。只有女人这种动物才会最在乎安全感。

为什么？因为女人天生就是缺乏安全感的动物。这要追溯到原始时代，那是一个缺吃、少穿、挨冻、随时要迁徙，甚至自己的男人在打猎的过程中会挂掉的时代。所以，女人严重没有安全感。另外，女人从小有弱者心态。女人从一开始负责分拣食物带孩子，吃穿都得倚靠男人。到了封建时代，更是大门不出二门不迈，在家相夫教子，顶多织布洗衣洗碗，吃穿更是要靠男人，甚至还没有上桌的资格。她们从小就被灌输了"嫁鸡随鸡，嫁狗随狗"的思想。所以，她们内心是多么希望自己的丈夫是一个可以顶天立地靠得住的男人，这个靠得住，就是安全感。不论是物质的，还是精神的。

那么，女人们，究竟该用怎样的心态去应对感情和生活呢？

首先，所有的安全感和确定性都是相对的，不是某个男人能带给你的。

我们总是有错误的观点：我要找个能让我有安全感的男人！记住，那种安全感只是相对的，是看起来比较安全，比如比较老实可靠，或者比较忠诚有责任感。但事实是什么？安全感是随时都会丧失的。它会因为客观环境和主观因素而丧失。客观环境，那就是天灾人祸，就是我们所说的无常。比如，他遭遇了不幸、挫折，甚至是死亡，那他还怎么能给你安全感？

主观原因就是人的因素。人是会变的，感情也是会变的，也许是因为客观环境的变化引起思想变化，或者是因为自己的觉悟引起的思想变化，又或者是因为新鲜感消退产生的变化。总之，你认为原本能带给你安全感的男人，最后却无法给你安全感。

我们总有错误的观点：我一定要在多少岁前结婚，在多少岁前要小孩。

是的，我们可以有目标、有愿景。可是，我们一定要明白，感情目标和愿景不比工作目标和愿景，后者更容易完成。

而感情本来就是善变的，不靠谱的，没有道理的，也是过于脆弱的。所以，任何规划性，任何确定性，都是妄谈。

我看过一个单身定律：当你嚷着要结婚时，所有的单身男人都会远离你。

所以，我们虽然可以在点生日蜡烛的时候许个愿，但我们真的不可以强求，非要给自己一个硬性指标：我必须或我一定要怎样怎样。这样，本身就会带给我们压力。同时，越是着急，就越容易出错，越容易将就。最后，我们一定会后悔自己的选择。但那时候，路走得太远，想要回头已是百年身。

人生本来就是充满不确定性的，我们可以去设计人生去规划人生。可是生活往往总是不按常理出牌，总会带给我们意想不到的惊喜或者意外。从前，我也会做一年计划、三年计划，但是在五年前，我不曾想过现在的自己是这样，更不会想到自己会成为一个受读者喜欢的作家。当然，还年少时，也从来没有想过自己会三十岁还未结婚，这对我这个在小地方长大的人是不可想象的，因为现在我的同学的小孩大都上学了。

当然，我也曾做过规划，要在三十岁前结婚，可是计划总是赶不上变化，也许是人不对，也许是时机不对。所以，纵使你做了多完美的计划也徒劳。因为你在现实面前，会亲手否定从前的完美计划，因为再完美的计划也抵不过不完美的当下。

后来，我总结出一个道理：正是这种不确定，才是人生的趣味所在啊。如果什么都规划好了，不管是工作还是感情，那还有什么意思呢？

其次，安全感不是向外寻找，而是从内在寻找。这是修行最重要的一点。

我们追求安全感，以为有很多的钱，有了房子，有了恋人，有了家，这就有了安全感，那顶多是形式上的安全感。

可是，我们是否意识到，我们拥有的越多，就意味着可能会失去越多。正所谓，拥有后失去比从未拥有更痛苦。这就是很多富人没有安全感的原因。

所以，我们要从内在去寻找。这个内在是什么？就是我们的内心，从内心去接受无常，接受人的生老病死。我们常说"强大我们的内心"，什么是内心真正的强大，那就是你的抗摔打能力、抗伤害能力，甚至是你的免疫力和自我疗愈能力。

很多美女特别没有安全感，害怕衰老、害怕没有市场、害怕被抛弃，其实，她们害怕的是注定要失去的东西。因为，衰老必定会来。

困难来了，不怕；衰老来了，不怕；分离来了，不怕；甚至，有一天死亡来了，也不怕。你有一天学会了接受无常，甚至平静而淡定地面对它，这才是真的强大。

最后，对于缘来缘去，来时不拒，走时也不强留。

也许，有人会指责，你这是站着说话不腰疼。但生命的本质，人生的真相就是无常啊。

你遇到那个人，是无常；你爱上那个人，是无常；你离开那个人，是无常；你被那个人遗弃，是无常；你遗忘那个人或者被那个人遗忘，也是无常。

曾经爱得轰轰烈烈死去活来为他茶不思饭不想的人，后来，都变成了灯火惊动不了神经甚至相忘于江湖的陌生人。这是无常。

突然，我想起了郝思嘉，她的"Tomorrow is another day"（明天又是崭新的一天），深意就是如此。郝思嘉其实已经参透了"无常"，当然，她也是在"无常"中摔打过来的。从娇滴滴无忧无虑的大小姐到面临家园被毁、亲人死去、暗恋的人娶了别人，到爱他的男人伤心离开，到她必须要拿起猎枪打死侵犯家园的人。

生离死别，物是人非，种种无常。

她说，明天又是新的一天，所谓新，就是要不一样。所谓不一样，其实就是无常的一个含义。至于新在哪里，那就是值得期待的成分。

在这个意义上，郝思嘉是左手拿着经书右手拿着猎枪的女人，这样的人，不纠结，率性洒脱且精彩。

于无常人生中，爱无常。